마음으로 읽어내는

도덕경

마음으로 읽어내는 도덕경
5천 글자에 새긴 하늘과 땅과 사람

초판 1쇄 발행 2023년 1월 25일
초판 2쇄 발행 2023년 11월 15일

지은이 | 노자
옮긴이 | 정창영
펴낸곳 | (주)태학사
등록 | 제406-2020-000008호
주소 | 경기도 파주시 광인사길 217
전화 | 031-955-7580
전송 | 031-955-0910
전자우편 | thspub@daum.net
홈페이지 | www.thaehaksa.com

편집 | 김선정 조윤형 여미숙 고여림
디자인 | 김현주
마케팅 | 김일신
경영지원 | 김영지

값 19,000원
ISBN 979-11-6810-124-1 03150

책임편집 김선정 이상근
북디자인 캠프커뮤니케이션즈

마음으로 읽어내는

도덕경
道德經

5천 글자에 새긴 하늘과 땅과 사람

노자 지음 | 정창영 옮김

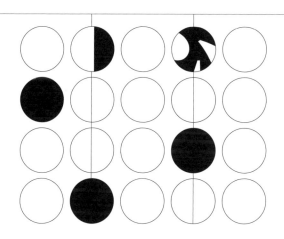

태학사

『도덕경』을 처음 만난 것은 1974년, 대학교 1학년 여름방학 때였습니다. 당시 문교부에서 고전 읽기를 권장하면서 '자유교양문고'라는 이름으로 동서양 고전을 무료로 또는 아주 싼값에 학생들에게 나누어 주었는데, 『도덕경』은 그 가운데 한 권이었지요. 기억을 더듬어 보니 김경탁 선생님이 번역한 『노자』였던 것 같습니다. 물론 무슨 말인지 몰랐던 것은 당연합니다. 다만 사자성어로 된 몇몇 구절만 머릿속에 남아서 간혹 농담처럼 또는 진담으로 읊조리며 살았지요.

시간이 흘러 마흔 중반에, 어설픈 실력으로 옮긴 『도덕경』 번역이 책으로 출간되었습니다. 그 후 20여 년이 더 지났고, 이번에 새로 옮겼습니다. 20년 더한 삶의 경험이 제대로 투영되었을까요? 할 말도 많고 하고 싶은 말도 많지만 2000년에 첫 번역이 출판될 때 붙어 있던 머리말 한 단락을 요약해서 이 책 머리말을 대신하고자 합니다.

"인위적으로 억지로 무엇을 하는 것이 아니라, 저절로 일어나는 자연한 삶 살기[無爲自然], 선악미추의 상대적인 분별을 여의고 그것들이 나오기 이전의 근원 자리에서, 내 욕망을 투사하지 않고 무심하게 세상을 대하기[無知無慾], 비우고[虛] 물러남[退], 그리하여 다듬지 않은 통나무처럼 투박한[樸] 근원으로 돌아가기[反]. 노자의 가르침은 이런 것들이다. 20세기를 지배한 이성(理性) 중심의 서구적 사고방식과는 사뭇 다르다. 그래서 서구인들조차 이성과 외부로의 확장에 한계를 느끼면서 노자의 가르침에 귀를 기울이는 사람들이 많아졌다."

"머리와 가슴, 이성과 감성, 진리와 사랑, 남성성[陽]과 여성성[陰]은 조화를 이루며 한 몸으로 돌아가야 한다. 이제 남성성의 한계에서 여성성이 필요함을 느끼는 사람들이 많아졌다. 그래서 여성성을 강조하는 목소리가 커지고 있다. 하지만 이 둘은 싸워야 할 상대가 아니다. 온전함을 이루기 위해, 하나로 통합되어야만 하는, 서로 없어서는 안 되는 파트너(짝)이다. 노자가 여성성을 강조하고 있다고 주장하는 사람들이 있는데, 옮긴이는 그런 견해에 동의하지 않는다. 물론 사용된 용어나 표현이 그런 것처럼 보이기도 한다. 그러나 상대적인 세계가 출현하기 이전[道]으로의 '통합'과 그렇게 통합된 '온전함[德]'이라는 키워드를 대입해 가면서 읽어 보면 새로운 '아하!'가 일어날 것이다. 노자는 '하나인 근원'과 '온전함'을 가르쳤다!"

'한문 텍스트 없이' 우리말 번역만 읽어도 무슨 말인지 뜻이 통할 수 있게 옮기는 것을 목표로 애를 썼습니다. 물론 턱없이 부족함을 느낍니다. 이제는 이 책을 다시 번역할 기회가 없을 것 같다는 생각에 약간(많이) 서운하네요.

마지막으로, 다시 번역을 가다듬고 출간할 수 있도록 기회를 준 태학사 관계자 여러분, 저와 출판사 사이에서 다리 역할을 해 준 이상근 선생, 한자 독음 교정과 우리말 표현을 다듬어 준 김란경 선생께 고마움의 인사를 남깁니다.

2023년 1월 백월산 품에서 옮긴이 손 모음

차례

하편

下篇

해제

解題

부록

일러두기

-. 원문의 저본(底本)으로 사용한 것은 중국철학서전자화계획(中國哲學書電子化計劃) 사이트(https://ctext.org/dao-de-jing/zh)에 게재된 것입니다. 위 사이트는 온라인 개방형 전자 도서관으로 50억 자 이상 분량의 3만 권이 넘는 고전 원문을 번체와 간체 그리고 영문으로 제공하고 있습니다. 구두점 등이 표시되어 있어 현대 중국학자들은 고전을 어떻게 읽고 있는지 참고할 수 있습니다. 다만 이 책에서는 군데군데 더 적절하다고 판단되는 부분은 '곽점초묘 죽간본'과 '마왕퇴한묘 백서본'을 따랐습니다.

-. 한자 풀이에 있는 번호는 구두점을 기준으로 한 단락의 순서를 가리킵니다.

-. 단어는 한글을 우선으로 하고 필요한 경우 한자를 병기하였습니다. 반복되는 단어의 한자는 처음 등장하는 경우에만 표시하는 것을 원칙으로 하였으나 대표 단어(예를 들어 도道, 덕德 등)와 혼동의 소지가 있는 경우(예를 들어 진秦나라 등)는 반복해서 표기하였으며 ㄱ 외에도 것이 구분되는 경우에도 반복해서 병기하였습니다.

-. 부록으로 '주제별로 읽는 『도덕경』'을 실었습니다. 독서나 명상에 도움이 되길 바랍니다.

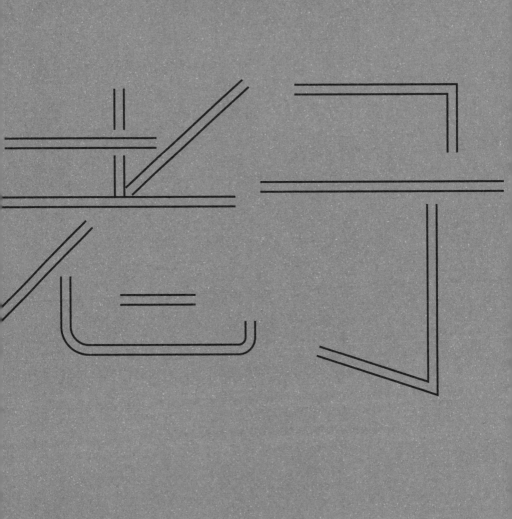

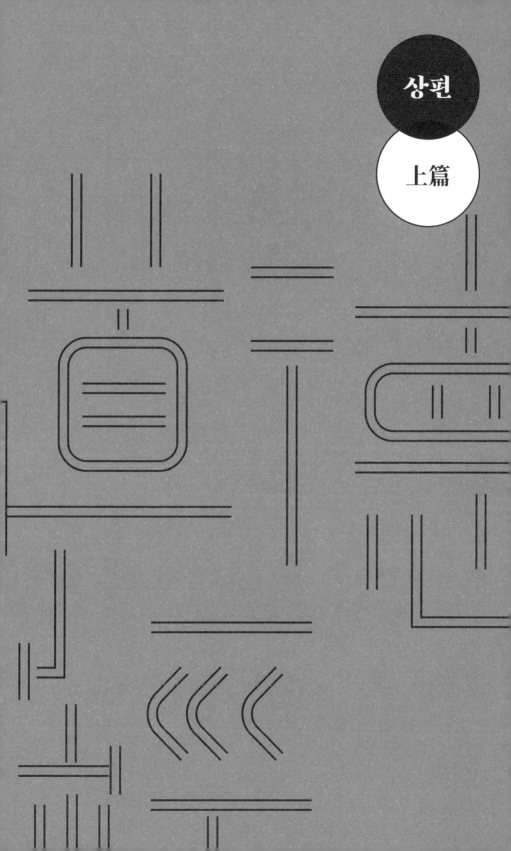

상편

上篇

어쩔 수 없이 도道라고 해보지만
도道는 '도道'라고 이름을 붙일 수도 없고
'도道는 이런 것이다'라고 설명할 수도 없다.

이름을 붙일 수 없는 그것을 '무無'라고 하자.
거기에서 천지가 시작되었고,
그것의 작용으로 나오는
이름을 가진 만물을 '유有'라고 하자.

나는 눈에 보이지 않는 그것[無]의 신묘함을 통찰하고
눈에 보이는 모든 것[有]이 그것의 작용으로 나타났음을 본다.

이름도 없고 형체도 없는 그것[無]과
그것의 작용으로 나타난 현상[有]은 둘이 아니다.
무無와 유有는 동시에 출현한다.
단지 이름만 달리 부를 뿐이다.

유有와 무無는 동시에 출현하는
짝으로 된 하나라는 것을 이해하기는 쉽지 않다.

하지만 사실이 그러하니 아득하고 신비롭다.

이 둘이 하나라는 것을 깨달으면

보이는 것과 보이지 않는 것의

모든 신비로움을 이해하는 문이 열린다.

道, 可道, 非常道; 名, 可名, 非常名.
도 가도 비상도 명 가명 비상명

無名, 天地之始; 有名, 萬物之母.
무명 천지지시 유명 만물지모

故常無, 欲以觀其妙, 故常有, 欲以觀其徼.
고상무 욕이관기묘 고상유 욕이관기요

此兩者同, 出而異名.
차양자동 출이이명

同謂之玄, 玄之又玄, 衆妙之門.
동위지현 현지우현 중묘지문

I　道, 可道 문자적으로는 '도(道)라고 할 수 있는 도(道)'. 현존하는 가장 오래된 『도덕경』 해설서는 한(漢)나라 문제(文帝) 시대에 하상공(河上公)이 지은 『노자도덕경하상공장구(老子道德經河上公章句)』이다. 이 책에서는 '도가도(道可道)'를 '경서, 학술서, 정치, 종교에서 언급하는 도(道)를 말한다[謂經術政敎之道也]'라고 해설하고 있다. 이를 보면 하상공은 노자 『도덕경』 이전에 이미 도(道)에 대한 여러 주장과 논의가 있었음을 인정하고 있다는 사실을 알 수 있다. 바로 뒤 구절의 '가명(可名)'에 대해서도 같은 설명을 할 수 있다. 常道 시간을 넘어서, 그리고 시간 속에서 늘 변하지 않고 존재하는 진리. 백서본 갑본에는 '상(常)'이 '항(恒)'으로 되어 있는데 통행본에 '상(常)'으로 되어 있는 것은 황제의 이름을 기피하는 풍속에 따라 한나라 문제(文帝)의 이름인 '유항(劉恒)'의 '항(恒)' 자를 피하기 위해서 후대에 같은 뜻의 글자 '상(常)'으로 바꾸어 쓴 것으로 보인다. 常名 영원히 변하지 않는 명칭 또는 완전한 설명.

2 無名 이름이 없는 '그것' 자체를 '무(無)'라고 하자. 여기서 무(無)는 '무엇이 있다 없다'고 할 때의 '없음'이 아니다. 天地之始 하늘과 땅의 시작. 有名 이름이 붙은 현상계를 '유(有)'라고 하자. 萬物之母 만물의 어미, 즉 만물의 근원.

3· 故常無 (그래서 나는) 무(無)의 자리에서 늘. 欲以觀其妙 그 오묘함을 꿰뚫어 보려고 한다. 백서본 갑본에는 "故常無欲也 以觀其妙. 常有欲也 以觀其徼."로 되어 있어서 통행본의 본문을 "故常無欲, 以觀其妙. 故常有欲, 以觀其徼."로 구두점을 찍어 읽어야 한다는 견해가 있다. 그러면 "늘 욕망이 없음으로써 진리 자체의 오묘함을 보고, 늘 욕망이 있음으로써 진리의 작용으로 나타난 현상을 본다.(욕망에서 자유로우면 눈에 보이지 않는 진리 자체를 깨닫고, 욕망에 사로잡히면 눈에 보이는 현상밖에는 보지 못한다)"고 번역할 수 있다. 故常有 유(有)를 인식하면서 늘. 欲以觀其徼 (그것은) 하나의 현상임을 잊지 않고자 한다. '徼'는 '가장자리' 또는 '변경(邊境)'이라는 뜻을 취했다.

4 此兩者同 무명(無名)과 유명(有名) 또는 무(無)와 유(有)가 하나이다. 出而異名 무유(無有)가 갈리면서 이름이 달라졌다.

5· 同謂之玄 (이 둘이) 하나라는 것은 깊고 오묘하다. 玄之又玄 오묘하고 또 오묘하다. 아득하고 신비롭다. 衆妙之門 뭇 묘함이 나오는 문이다. 신비로운 것이 모두 여기에서 나온다.

현상[有]과 근원[無]은 짝으로 된 하나다

온 세상 사람이 모두 아름다운 것을 아름답다고 여기지만,

아름다움과 동시에 추함도 생긴다.

온 세상 사람이 모두 좋은 것을 좋다고 여기지만,

무엇이 좋다면 좋지 않은 것도 동시에 생긴다.

어느 한쪽을 인정하는 것은

다른 쪽이 있다는 의미를 함축하고 있기 때문이다.

모양 있는 현상과 모양 없는 근원,

어려움과 쉬움,

길고 짧음,

높고 낮음,

맑은소리와 탁한 소리,

앞과 뒤,

이런 것은 모두 상대적으로 동시에 생긴다.

이런 까닭에, 모든 것이 상대적이라는 것을 깨달은 사람은

무슨 일을 하든지 욕심을 부려 억지로 하지 않으며,

누구를 훈계하거나 가르치려 들지도 않는다.

무슨 일을 할 때 자기처럼 하라고 부추기지도 않고

왜 그렇게 하냐고 잔소리를 하지도 않는다.

무엇을 만들어 내도 자기 것으로 여기지 않으며,

일을 하고서도 뽐내지 않으며,

무엇을 완성해 놓고도 거기에 집착하거나

자기가 무엇을 했다는 생각이 없다.

그는 이렇게 어디에도 집착하지 않기에

무엇을 얻었다는 생각도 없고

무엇을 잃었다는 생각도 없이 늘 자유롭다.

天下皆知美之爲美, 斯惡已; 皆知善之爲善, 斯不善已.
천하개지미지위미 사오이 개지선지위선 사불선이

故有無相生, 難易相成, 長短相較, 高下相傾, 音聲相和, 前後相隨.
고유무상생 난이상성 장단상교 고하상경 음성상화 전후상수

是以, 聖人處無爲之事, 行不言之敎.
시이 성인처무위지사 행불언지교

萬物作焉而不辭, 生而不有, 爲而不恃, 功成而弗居.
만물작언이불사 생이불유 위이불시 공성이불거

夫唯弗居, 是以不去.
부유불거 시이불거

1 天下 크게 두 가지 뜻이 있다. 첫째는 우주나 자연을 가리키고, 둘째는 인간 세상을 뜻한다. 여기서는 두 번째 의미로 세상 사람들을 가리킴. 皆知 모두 안다. 知美之爲美 아름다운 것을 아름답다고 안다. 斯惡已 惡은 추할 '오'로 읽어, 문자적으로는 '이는 추할 뿐'이라는 뜻. 즉 무엇을 아름답다고 여기는 마음속에는 필연적으로 추한 것에 대한 관념이 내재되어 있다는 뜻. 知善之爲善 좋은 것을 좋다고 안다. 斯不善已 문자적인 뜻은 '이는 좋지 못함일 뿐'.

2 故有無相生 문자적으로는 '그러므로 유(有)와 무(無)는 서로를 생성시킨다'. 유(有)를 시공간 속의 '무엇'이라고 한다면, 그 무엇의 근원 또는 배경을 무(無)라고 할 수 있다. 배경과 시공간 속의 무엇은 동시에 존재한다. 배경이 없는 무엇이 없고, 무엇이 없이 배경만 존재할 수도 없기 때문이다. 難易相成 어렵다는 생각과 쉽다는 생각은 서로 (상대적으로) 이루어진다. 長短相較 길다는 생각과 짧다는 생각은 서로 겨루며 (나타난다). 겨루다, 견준다는 뜻의 較 대신

꼴을 이룬다는 의미의 形(형)으로 되어 있는 사본도 많다. 참고로, 운(韻)은 生(생)과 成(성), 形(형)과 傾(경), 和(화)와 隨(수)라야 맞는다. 高下相傾 문자적인 뜻은 '높음과 낮음은 서로 기울어진다'. 音聲相和 문자적인 뜻은 '악기 소리와 사람의 노랫소리 서로 어울린다'. 문맥에 맞추기 위해, 오유청(吳幼淸, 1249~1333)의 해석에 따라 音聲을 '맑은소리와 탁한 소리'로 옮겼다. 前後相隨 앞이라는 생각과 뒤라는 생각은 서로 (상대적으로) 따라 나온다. 前後를 시작과 끝[始終]으로 풀이할 수도 있다.

3 是以 이런 까닭으로, 그러므로. 聖人 지혜로운 사람[賢者], 세상 이치를 깨달은 사람. 유가(儒家)에서는 사회·도덕적 모델이 될 만한 사람을 聖人이라고 한다. 그러나 도가(道家)에서는 도(道)를 체득하고 자연의 흐름에 순응하는 사람을 聖人이라고 한다. 현지우현(玄之又玄)의 경지에 도달한 사람이라는 뜻에서 '신비로운 사람'이라고 옮길 수도 있다. 處無爲之事 자연적인 흐름에 따라 모든 일을 처리한다. 處는 '처리한다'는 뜻. 無爲는 '(억지로) 하지 않음'이라는 뜻. 行不言之敎 문자적인 뜻은 '말없이 가르침을 편다', 즉 이게 옳다느니 저게 옳다느니 잔소리하지 않고 행동하지만, 그 모든 것이 진리에 순응하는 행위라는 뜻.

4 萬物作焉而不辭 문자적인 뜻은 '만물을 지어내면서도 말이 없다'. 辭는 '말'이라는 뜻과 '사양한다'는 두 가지 뜻이 있다. 여기서는 성인(聖人)을 주어로 보고, 그는 만물이 자기의 길을 가도록 이러쿵저러쿵 간섭하지 않는다는 뜻으로 보아, "부추기거나 잔소리하지 않는다."고 옮겼다. 두 번째 의미를 택한다면 무슨 일이 일어나든 '좋다 싫다 말없이 그대로 받아들인다'고 번역할 수도 있다. '焉' 자가 빠져 있는 사본도 있다. 生而不有 낳고도 소유하지 않는다. 즉 무엇을 이루어도 자기 것이라고 생각하지 않는다. 爲而不恃 (무엇

을) 해도 (자기가 했다고) 뽐내지 않는다. 功成而弗居 공을 세우고
도 거기에 머물고자 하지 않는다. 弗대신 不(불)로, 居대신 處(처)
로 되어 있는 사본도 있다. 어느 쪽이든 뜻은 같다.

5 夫唯弗居 오직 머물고자 하지 않는다. 즉 무엇에도 집착하지 않는
   다. 是以不去 문자적으로 '이 때문에 사라지지 않는다'.

존재의 중심, 참 나를 든든하게 하기

학벌과 재능 있는 사람을 높이면,

질투심과 경쟁심이 일어나

사람들 사이에서 다툼이 사라지지 않는다.

재물을 귀하게 여기면,

소유에 대한 욕망이 생겨

남의 것을 훔치려고 할 것이다.

욕심을 일으킬 만한 것을 과시하지 않으면,

사람들의 마음은 흔들리지 않을 것이다.

그럼으로, 도道를 체득한 사람은

겉마음을 비우고

생명에너지를 채워 존재가 든든하도록 하고,

에고의 욕망을 약하게 하여 참 자아를 강하게 하도록 한다.

그는 분별심과 욕망을 버리게 한다.

그러면 뭘 좀 안다고 자부하는 사람들이

이렇게 해야 한다 저렇게 해야 한다 말이 많아도

그들의 가르침은 허공을 치는 주먹질밖에는 되지 않을 것이다.

억지로 하려고 함이 없으면서도 모든 것을 하는

자연의 흐름에 따라 움직이면

모든 것이 조화롭게 흘러갈 것이다.

不尙賢, 使民不爭; 不貴難得之貨, 使民不爲盜; 不見可欲, 使民心不亂.
불상현 사민부쟁 불귀난득지화 사민불위도 불견가욕 사민심불란

是以, 聖人之治, 虛其心, 實其腹; 弱其志, 强其骨.
시이 성인지치 허기심 실기복 약기지 강기골

常使民, 無知無欲, 使夫智者, 不敢爲也.
상사민 무지무욕 사부지자 불감위야

爲無爲, 則無不治.
위무위 즉무불치

I   不尙賢 세속적인 입장에서 볼 때 현명한 사람을 부러워하며 존경
하지 않으면. 尙대신 上(상)으로 되어 있는 사본도 있다. 使民不爭
사람들로 하여금 다투지 않게 한다. 使는 "~으로 하여금"의 뜻. 不
貴難得之貨 얻기 어려운 재물을 귀하게 여기지 않으면. 使民不爲
盜 사람들로 하여금 도둑질하지 않게 한다. 不見可欲 욕심을 낼
만한 것을 보이지 않으면. 使民心不亂 사람들의 마음을 혼란스럽
게 하지 않는다.

2   是以聖人之治 그러므로 세상 이치를 깨달은 사람의 다스림은 (이
와 같다). 虛其心 마음을 비우게 한다. 實其腹 배를 채우게 한다. 중
국의 고전 학자 엄영봉(嚴靈峰, 1903~1999)은 "마음이 비면 욕심이
없고, 배가 든든하면 걱정이 없다(心虛則無欲, 復實則無憂)."라고
설명한다. 마음[心]은 분별 의식이 작용하는 자리이며, 배[腹]는 생
명 에너지인 氣(기)가 축적되는 丹田(단전)을 가리키는 것으로 볼
수도 있다. 弱其志 야망(뜻)을 약하게 한다. 强其骨 뼈를 튼튼하게
한다 '배'와 '뼈'는 인간의 자연이며, 인간을 구성하는 기본적인 요
소다. 따라서 '배를 채우고 뼈를 튼튼하게 한다'는 것은 '자연성을

회복시킨다'는 뜻으로 볼 수 있다.

3   使民無知無欲 사람들로 하여금 인간적인 지식과 욕망을 버리게
     한다. 使夫智者不敢爲也 스스로 안다고 자부하는 사람들로 하여
     금 감히 (망령된 짓을) 하지 못하게 한다. 즉 인간적인 지식과 욕망
     을 버리면, 소위 똑똑한 사람들이 이래야 한다 저래야 한다고 말이
     많아도 강아지 짖는 소리 정도로밖에는 안 들린다.

4   爲無爲 무위를 실천한다. 즉 인위적인 조작을 하지 않고 자연의 흐
     름에 따른다. 則無不治 그런즉 다스려지지 않음이 없다.

도道는 우물과 같다.
아무리 써도 마르지 않는다.
깊고 그윽하며
거기서 만물이 나온다.

도道는 날카로움을 무디게 하고,
엉킨 것을 풀어 주며,
자신을 드러내지 않으면서도
모든 것을 조화롭게 어울리게 한다.

도道는 깊어서 잘 보이지 않는다.
하지만 항상 현존하고 있는 것 같다.
나는 이 도道가 어디서 왔는지 모르지만
상제 하느님보다 앞서는 것은 분명한 듯하다.

道沖, 而用之或不盈.
도충 이용지혹불영

淵兮! 似萬物之宗.
연혜 사만물지종

挫其銳, 解其紛, 和其光, 同其塵.
좌기예 해기분 화기광 동기진

湛兮! 似或存.
담혜 사혹존

吾不知誰之子, 象帝之先.
오부지수지자 상제지선

1 道沖 도는 비어 있다. 用之 활용해서 쓰다. 或 늘, 항상. 하상공(河
上公, BC 180~BC 157)은 常(상)과 같은 뜻으로 본다(或, 常也). 不盈
가득 차지 않는다[不滿]고 볼 수도 있고, 닳아 없어지지 않는다[不
盡]는 뜻으로 볼 수도 있다. 여기서는 "닳아 없어지지 않는다."는
뜻을 취해 번역했다.

2 淵兮 깊고 조용하다. 似 비슷하다, 닮았다. 萬物之宗 만물의 뿌리.

3 挫其銳 날카로운 것을 무디게 한다. 解其紛 엉킨 것을 푼다. 和其
光 (눈부신) 빛을 조화시킨다. 同其塵 티끌과 함께 거한다. 구두점
을 挫其銳, 解其紛; 和其光, 同其塵.으로 찍어 '도는 자기의 날카
로움을 나타내지 않으면서 만물의 분쟁을 풀어 주고, 자기의 빛을
온화하게 하여 티끌 같은 만물과도 함께 한다'고 번역할 수도 있다.
흔히 '和其光, 同其塵'을 줄여서 '和光同塵'이라고 쓴다.

4 湛兮 깊어서 보이지 않는다. 湛은 沈(침) 또는 沒(몰)과 같은 뜻.

5 吾不知誰之子 나는 도가 누구의 자식인지 모른다. 象帝之先 상

제(上帝)보다 먼저인 것 같다. 象은 '같다' 또는 '닮았다'는 뜻의 似
(사)와 같은 뜻. 帝는 上帝 또는 天帝(천제). 上帝가 있다면 그 또한
도에서 나왔을 테니 도가 그보다 먼저인 것 같다고 한 것으로 보인
다. 물론 유무가 상생한다는 앞선 가르침을 염두에 두고 읽을 필요
가 있다.

하늘과 땅은 편견이 없다

하늘과 땅은 어질지 않다.
어떤 것도 특별하게 대우하지 않는다.
도道를 체득한 사람도 그렇다.
모든 사람을 담담하게 대한다.

하늘과 땅 사이는 풀무 같다.
속이 비었으면서도 생성이 멈추지 않고,
움직이면 움직일수록 더 많이 나온다.

말이 많으면 생명력이 빨리 소진한다.
그러니, 비어 있는 근원에 머물러
고요히 침묵하도록 하라.

天地不仁, 以萬物爲芻狗.
천지불인　이만물위추구

聖人不仁, 以百姓爲芻狗.
성인불인　이백성위추구

天地之間, 其猶橐籥乎!
천지지간　기유탁약호

虛而不屈, 動而愈出.
허이불굴　동이유출

多言數窮, 不如守中.
다언삭궁　불여수중

1　天地不仁 하늘과 땅은 어질지 않다. 以萬物爲芻狗 만물을 짚으로 만든 강아지처럼 대한다. 芻狗는 기우제에 쓰이는 풀이나 짚으로 만든 개.

2　聖人不仁 도를 깨우쳐 터득한 사람은 어질지 않다. 以百姓爲芻狗 백 가지 성을 가진 사람을 모두 짚으로 만든 강아지처럼 대한다. 감정이나 편견이 없이 담담하게 대한다.

3　天地之間 하늘과 땅 사이. 온 세상. 猶橐籥乎 풀무 같구나. 橐을 풀무로 籥을 피리로 보는 견해도 있다.

4　虛而不屈 비어 있으나 마르지 않는다. 屈은 盡(진, 끝나다), 竭(갈, 다하다)과 같은 뜻. 動而愈出 (비어 있으나) 움직이면 점점 더 많이 나온다.

5　多言數窮 말이 많으면 빨리 궁해진다. 즉 생명력이 빨리 소진한다. 數는 '삭'으로 읽는다. 多言은 무위(無爲)의 반대로, 말뿐만 아니라 일이 많은 것도 일컫는다. 백서본 갑본(甲本)과 을본(乙本)에는 多

聞數窮(다문삭궁, 아는 게 많으면 자주 막힌다)으로 되어 있다. 不如 守中 가운데를 지키는 것만 못하다. 多言數窮과 연결하여 '말이 많으면 자주 궁색한 처지에 빠지니, 하고 싶은 말이 있어도 마음속에 그대로 간직하고 있는 편이 낫다'는 뜻으로 보는 사람도 있다.

만물을 생성해 내는 신비한 여인의 비어 있는 문

만물을 생성해 내는 골짜기 신은 죽지 않는다.

이 신을 신비한 여인이라고 부른다.

신비한 여인의 비어 있는 문에서

세상 만물이 나온다.

이 문에서 끊이지 않고 만물이 나온다.

신비한 여인은 눈에 보이지 않지만,

낳고 또 낳는 것을 보면

있는 것이 분명하다.

그는 낳고 또 낳으면서도

영원히 피곤한 줄을 모른다.

谷神不死, 是謂玄牝.
곡신불사　시위현빈

玄牝之門, 是謂天地根.
현빈지문　시위천지근

綿綿若存, 用之不勤.
면면약존　용지불근

I　谷神 골짜기 신. 골짜기에 사는 신이 아니라, 골짜기처럼 '비어 있음[허(虛)]'을 은유적으로 표현한 것으로 보인다. 골짜기란 양쪽으로 높은 산이나 언덕이 있는 것을 말한다. 그러므로 음양이 분화되기 이전 하나로 존재하는 상태로 볼 필요가 있다. 是謂 그러므로 ~라 한다. 玄牝 문자적으로는 '(알 수 없는) 어두운 암컷'. 만물을 낳는 신비한 여성 원리를 가리킴.

2　玄牝之門 어두운 암컷의 문. 즉 암컷의 생식기를 가리키는데, 뻥 뚫린 비어 있는 골짜기 입구(출구)를 형용하는 말로 보인다. 天地根 하늘과 땅의 뿌리. 즉 만물의 근원이라는 뜻.

3　綿綿 끊어지지 않고 이어지는 모양. 若存 존재하는 것 같다. 用之不勤 써도 없어지지 않는다. 즉 만물을 내고 또 내도 그 생산력이 마르지 않는다.

하늘과 땅은 영원하다.

하늘과 땅이 영원할 수 있음은,

산다는 생각도 없이 무심하기 때문이다.

그래서 영원할 수 있는 것이다.

도道를 체득한 사람도 마찬가지이다.

자신을 낮추지만,

그로 인해 도리어 높아진다.

몸에 집착하지 않지만

오히려 건강한 삶을 누린다.

왜 그럴까?

에고의 욕망에 집착하지 않고,

스스로 흐르는 대로 흘러가기 때문이다.

에고의 욕망에 집착하지 않음으로써,

오히려 바람직한 상태를 성취하는 것이다.

天長地久.
천장지구

天地所以能長且久者, 以其不自生, 故能長生.
천지소이능장차구자　이기부자생　고능장생

是以聖人後其身而身先, 外其身而身存.
시이성인후기신이신선　외기신이신존

非以其無私耶? 故能成其私.
비이기무사야　고능성기사

1　天長地久 하늘은 공간적으로 무한[長]하고 땅은 시간적으로 영원
　　[久]하다.
2　天地 우리가 쓰는 개념으로는 자연 또는 만물에 해당됨. 所以 까
　　닭, 이유. 長且久 무한하고 영원하다. 以 ~이기 때문이다. 不自生
　　스스로 산다는 의식을 갖지 않는다.
3　是以 이런 까닭으로. 聖人 도를 깨우쳐 체득한 사람. 後其身 그 몸
　　을 뒤에 둔다. 즉 자신을 낮춘다. 身先 몸이 앞선다. 즉 높임을 받는
　　다. 外其身 몸을 밖에 둔다. 즉 물질적인 육체에 집착하지 않는다.
　　身存 몸이 보존된다.
4　非以 ~때문이 아니겠는가? 無私 사사로움이 없음. 成其私 사사로
　　움을 성취한다. 즉 자신을 높임을 받는 (영원한) 존재가 된다.

가장 좋은 것은 물과 같다.

물은 아무와도 다투지 않고

무엇을 억지로 하는 법이 없다.

그러면서도 만물을 이롭게 한다.

물은 뭇사람이 싫어하는

낮은 곳에 몸을 두려 한다.

그러므로 도道와 비슷하다.

도道를 체득한 사람은

물처럼 낮은 곳에 몸을 둔다.

그의 마음은 못과 같이 깊고 고요하다.

그는 베풀기를 좋아한다.

그는 헛말을 하지 않는다.

그는 억지로 바로 잡고자 애쓰지 않는다.

그는 자기의 일을 즐긴다.

그는 늘 '현재-의식' 속에 산다.

도道를 체득한 사람은

물이 그러하듯이

다투거나 경쟁하지 않는다.

그래서 아무도 그를 욕하지 않는다.

上善若水.
상선약수

水善利萬物而不爭, 處衆人之所惡, 故幾於道.
수선리만물이부쟁　처중인지소오　고기어도

居善地, 心善淵, 與善人, 言善信, 正善治, 事善能, 動善時.
거선지　심선연　여선인　언선신　정선치　사선능　동선시

夫唯不爭, 故無尤.
부유부쟁　고무우

1　上善 최고의 선. 若水 물과 같다.

2　水善 물의 좋음은. 利萬物而不爭 만물을 이롭게 하면서도 다투지 않는다. 衆人之所惡 뭇사람이 싫어하는 곳. 故幾於道 그러므로 도(道)와 거의 같다. 幾는 가깝다, 닮다, 같다'는 뜻의 '近(근)'과 같은 뜻으로 쓰였다.

3　居善地 좋은 땅에 산다. 땅에 산다는 것은 낮은 곳에 몸을 둔다는 뜻. 어떤 상황에 처하든지 무리 없이 잘 적응한다는 뜻으로 볼 수도 있다. 心善淵 마음은 연못처럼 깊고 조용하다. 與善人 베풀기를 좋아한다. 與善仁(여선인)으로 되어 있는 사본도 있다. 그러면 '(만물을) 어질게 대한다'고 번역할 수 있다. 하지만 노자는 인위적인 인(仁)의 가치를 높게 평가하지 않았다는 점에서 받아들이기 어렵다. 아예 이 구절이 빠져 있는 사본도 있다. 노자의 글은 대개 짝수로 대구를 이루고 있기 때문에, 엄영봉(嚴靈峰)은 이 구절을 다른 곳에서 끼어들어 온 것으로 본다. 言善信 믿을 수 있는 말만 한다. 즉 信을 實(실)과 같은 뜻으로 보아, '말에 반드시 실천이 따른다'고 번역할 수도 있다. 正善治 바르게 잘 다스린다. 깨달은 사람

은 인위적으로 무엇을 이루려고 하지 않는다는 점에서 '억지로 바로 잡으려고 하지 않는다'라고 번역할 수도 있다. 事善能 가장 능률적으로 일을 처리한다. (자기의 일을 즐기기 때문에) 가장 능률적으로 일을 처리할 수 있다. 動善時 가장 적절한 때에 움직인다. '지금-여기'라는 의식이 민감하게 깨어 있어야 적절한 때 적절한 행동을 취할 수 있다. 과거나 미래에 대한 생각을 현재 속에 투영시키면 적절한 때 적절한 행동을 취하기 어렵다.

4 夫唯 무릇 오로지. 不爭 다투지 않음. 無尤 허물이 없음. 즉 욕을 먹거나 비난을 받지 않음. 긍정문으로 고쳐 '존경을 받는다'로 번역할 수도 있다.

가득 채우면 흘러넘친다

가득 채우면 흘러넘친다.
그러므로 가득 채우는 것보다는
적당한 때에 멈추는 것이 낫다.
날을 예리하게 세우면
날카로움이 오래 가지 못한다.
재물이 많으면 지키기가 어렵고,
돈 많고 지위가 높다고 교만하면
비난받을 일이 생긴다.

일을 이룬 다음에는 뒤로 물러서라.
그것이 하늘의 길이다.

持而盈之, 不如其已; 揣而銳之, 不可長保; 金玉滿室, 莫之能守;
지이영지　불여기이　췌이예지　불가장보　금옥만실　막지능수

富貴而驕, 自遺其咎.
부귀이교　자유기구

功遂身退, 天之道.
공수신퇴　천지도

I　持 지속하다. 줄곧 간직하다. 盈 가득 차다. 滿(만)과 같은 뜻. 不如 ~하는 것보다 못하다. 持而盈之 가져 가득 채우다. 盈而持之(가득 채워 가지다)의 도치법 표현이다. 뒤에 나오는 揣而銳之와 莫之能守 역시 도치법 표현임. 已 중지하다. 止(지)와 같은 뜻. 揣 쇠를 두들겨서 끝을 뾰족하게 하다. 捶(추)와 같이 '두드린다[擊]'는 뜻. 銳 날카로움. 왕필본(王弼本)에는 '벗는다'는 뜻의 梲(탈)로 되어 있으나 문맥에 어울리지 않는다. 揣而銳之 揣를 헤아린다는 뜻으로 보아 '헤아려 판단을 날카롭게 하는 것'으로 번역할 수도 있다. 不可長保 오래 보존할 수 없다. 滿室 방을 가득 채움. 堂(당)으로 되어 있는 사본도 있다. 마쉬룬(馬叙倫, 1885~1970)은 "室은 내부를 가리키는 것이고 堂(당)은 외부에서 보는 입장이기 때문에 室로 읽는 것이 좋다."고 한다. 富貴而驕 부하고 귀하여 교만함. 自遺 스스로 남기다. 咎 허물. 自遺其咎 스스로 허물을 남긴다. 自招其禍(자초기화, 스스로 화를 부른다)와 같은 뜻.

2　功遂身退 공을 이룬 다음에는 물러남이 따른다. 天之道 하늘의 길. 즉 우주적인 섭리.

10장

어떤 것이 최고의 행위[德]인가?

이리저리 방황하는 마음을 다스려

근원적인 도道에 머물 수 있는가?

생명의 기운을 흩어지지 않도록 지켜

어린아이처럼 생생할 수 있는가?

마음을 깨끗이 닦아

티끌 하나 없게 할 수 있는가?

그대의 뜻을 강요하지 않고

사람들을 사랑하고 이끌 수 있는가?

살고 죽는 모든 일을

되어 가는 대로 내버려둘 수 있는가?

두루 밝은 지혜를 가지고 있으면서

개념적인 판단을 하지 않을 수 있는가?

도道가 만물을 낳고 기른다.

그러면서도 아무것도 자기 것으로 여기지 않는다.

일을 이루고서도 자랑하지 않으며,

자라나게 하면서도 지배하지 않는다.

이를 일컬어 최고의 넉德이라 한다.

載營魄抱一, 能無離乎?
재영백포일 능무리호

專氣致柔, 能嬰兒乎?
전기치유 능영아호

滌除玄覽, 能無疵乎?
척제현람 능무자호

愛民治國, 能無爲乎?
애민치국 능무위호

天門開闔, 能爲雌乎?
천문개합 능위자호

明白四達, 能無知乎?
명백사달 능무지호

生之, 畜之.
생지 휵지

生而不有, 爲而不恃, 長而不宰.
생이불유 위이불시 장이부재

是謂玄德.
시위현덕

I　載 싣다. 잘 간수하다. 營魄 魂(혼)과 魄(백) 또는 정신. 抱一 근원적인 하나인 도(道)를 품고 지키다. 能~乎 할 수 있는가? 無離 떨어지지 않음. 즉 '도(道)에 머물러 마음이 흔들리지 않을 수 있는가?' 한방의학에서는 음식의 에센스[精]를 '營'이라고 한다. 그래서 '營'을 '생기가 넘치는'이라는 뜻으로 보고 '생기 넘치는 정신을 하

나로 통일하여 근원적인 도(道)에 머물 수 있을까?'로 번역할 수도 있다.

2 專 오로지 또는 한 마음으로 집중하다. 氣 생명의 기운. 致柔 부드럽게 하다. 能嬰兒乎 갓난아이처럼 될 수 있는가?

3 滌除 말끔히 씻고 닦다. 玄覽 깊고 오묘한 거울. 즉 사람의 마음. 無疵 티나 흠이 없음.

4 愛民治國 백성을 사랑하고 나라를 다스림. 無爲 인위적으로 하지 않음. 즉 자신의 뜻을 강요하지 않음.

5 天門開闔 하늘 문이 열리고 닫힘. 즉 자연의 섭리. 爲雌 암컷처럼 하다. 즉 부드러운 수용성을 지니다. 天門을 사람의 이목구비(耳目口鼻)로 볼 수도 있다. 그러면 '모든 감각기관이 받아들이는 정보를 판단하지 않고 여성처럼 수동적으로 받아들일 수 있는가?'라는 뜻으로 풀이할 수 있다.

6 明白四達 지혜가 밝아 사방에 통달하다. 無知 이성 차원의 지식이 없음. 즉 개념적인 판단을 하지 않음.

7 生之畜之 낳고 기르다.

8 生而不有 낳고서도 소유하지 않는다. 爲而不恃 무엇을 하고서도 자랑하지 않는다. 恃는 '자랑하다', '공을 내세우다'는 뜻. 長而不宰 기르면서도 지배하지 않는다. 長을 '으뜸'이라는 뜻으로 보면 '만물의 으뜸이면서도 지배하지 않는다'로 번역할 수 있다.

9 是謂 그러므로 ~라 한다. 玄德 깊고 오묘한 덕.

비어 있음[虛]의 쓸모

바퀴통에 서른 개의 바큇살이 꽂혀 있다.

바퀴통이 비어 있지 않다면 바큇살을 꽂을 수 없다.

바퀴통이 비어 있기 때문에

바큇살을 꽂아 수레로 쓸 수 있다.

진흙을 이겨 그릇을 만든다.

하지만 그릇의 내부가 비어 있기에

그릇으로 쓸 수 있다.

문과 창을 내어 방을 만든다.

하지만 방의 내부가 비어 있기에

방으로 쓸 수 있다.

이렇게 없음(비어 있음)으로 말미암아

사물의 쓰임새가 생긴다.

三十輻共一轂, 當其無, 有車之用; 埏埴以爲器, 當其無, 有器之用;
삼십폭공일곡　당기무　유차지용　선식이위기　당기무　유기지용

鑿戶牖以爲室, 當其無, 有室之用.
착호용이위실　당기무　유실지용

故有之以爲利, 無之以爲用.
고유지이위리　무지이위용

I 三十輻 서른 개의 바큇살. 轂 바퀴 중심에 있는 바큇살을 꽂는 통.
   當其無 (바퀴통의) 무(無)에 이르러. 有車之用 수레의 쓸모가 있
   다. 當其無有, 車之用으로 구두점을 찍을 수도 있다. 그러면 (바퀴
   통의) 무가 있음으로써, 수레의 쓸모가 있다. 埏 '연'이 아니라 (흙을
   물에 개서) 이긴다는 뜻의 '선'으로 읽는다. 埴 찰흙. 爲器 그릇을 만
   든다. 鑿 뚫다. 戶 문. 牖 창문. 爲室 방을 만들다.
2 有之以爲利 형태가 있는 것이 이로운 것은. 無之以爲用 비어 있
   음[無]이 쓸모가 있기 때문이다.

보기 좋은 것을 구하는 사람은 점점 더 화려한 것을 찾게 되고,

아름다운 소리를 즐기려는 사람은 점점 더 듣기 좋은 소리를 찾게 되며,

맛으로 음식을 먹는 사람은 점점 더 맛있는 음식을 찾게 된다.

스포츠와 오락에 빠지면 점점 더 미치게 되고,

재물에 눈이 어두우면 못하는 짓이 없어진다.

그러나 도道를 체득한 사람은

눈에 보이는 것을 탐내지 않으며,

생명력을 보양하는 데에만 힘쓴다.

그는 욕심을 부리지 않고

생기 왕성한 현재 상태에 머문다.

五色令人目盲, 五音令人耳聾, 五味令人口爽.
오색영인목맹　오음영인이농　오미영인구상

馳騁畋獵令人心發狂, 難得之貨令人行彷.
치빙전렵영인심발광　난득지화영인행방

是以聖人爲腹不爲目.
시이성인위복불위목

故去彼取此.
고거피취차

I　五色 문자적으로는 청·황·적·백·흑(青黃赤白黑)의 다섯 가지 색깔. 여기서는 보기 좋은 것이나 화려한 것을 가리킴. 令人 사람으로 하여금 ~하게 하다. 目盲 눈이 멀다. 五音 문자적으로는 궁·상·각·치·우(宮商角徵羽)의 다섯 음. 여기서는 듣기 좋은 소리를 가리킴. 耳聾 귀가 먹다. 五味 문자적으로는 신맛·쓴맛·단맛·매운맛·짠맛. 여기서는 식도락가들이 찾는 음식의 맛을 가리킴. 口爽 입(맛)을 상함.

2　馳騁 말을 타고 달리다. 畋獵 사냥하다. 요즘 말로는 스피디하고 박진감 넘치는 스포츠와 오락을 뜻함. 心發狂 마음이 미치다. 難得之貨 얻기 어려운 재물. 行放 방종하고 타락한 행동을 하다.

3　是以聖人 그러므로 깨달은 사람은. 爲腹不爲目 문자적으로는 배를 위하고 눈을 위하지 않는다. 즉 부질없는 욕심을 부리지 않고 필요한 만큼 있는 것으로 족할 줄 안다. 배[復]를 단전(丹田)으로 보고 '爲腹'을 '생명 에너지를 기른다'로 풀이할 수도 있다.

4　去彼取此 문자적으로는 '저것을 버리고 이것을 취한다'는 뜻. 즉 필요 이상의 욕심을 버리고 실제로 필요한 것만 추구한다.

사람들은 칭찬이나 비판에 과잉 반응을 한다.

그 이유는 '나'라는 에고 의식이 있기 때문이다.

칭찬이나 비판에 과잉 반응을 한다는 말은 무슨 뜻인가?

사람들은 칭찬을 받으면 마음이 들떠 중심을 잃는다.

비판을 받으면 흥분하여 마음이 중심을 잃는다.

이런 것을 칭찬이나 비판에 대한 과잉 반응이라 한다.

과잉 반응을 보이는 이유가

'나'라는 에고 의식 때문이라는 말은 무슨 뜻인가?

'나'라는 에고 의식 있기 때문에

칭찬이나 비판에 충격을 받는다.

만약 내가 없다면 누가 충격을 받겠는가!

그러므로 '나'라는 에고 의식을

우주적인 대자아大自我 도道와 통합시킨 사람,

또 그렇게 하는 것을 사랑하는 사람이라야

세상을 맡아 옳은 길로 인도할 수 있으리라.

寵辱若驚, 貴大患若身.

총욕약경 귀대환약신

何謂寵辱若驚?

하위총욕약경

寵謂下[寵之爲下也], 得之若驚, 失之若驚, 是謂寵辱若驚.

총위하[총지위하야] 득지약경 실지약경 시위총욕약경

何謂貴大患若身?

하위귀대환약신

吾所以有大患者, 爲吾有身.

오소이유대환자 위오유신

及吾無身, 吾有何患!

급오무신 오유하환

故貴以身爲天下(者), 若可寄天下; 愛以身爲天下(者), 若可託天下.

고귀이신위천하(자) 약가기천하 애이신위천하(자) 약가탁천하

I   寵辱 총애와 치욕. 若 ~이다. 혹은 ~이 된다. 驚 놀라다. 마음에 충격을 받다. 貴 문자적으로는 '귀하게 여기다'. 여기서는 '신중히 생각하다' 또는 '두려워하다'는 뜻. 大患 큰 어려움. 즉 마음에 충격을 받고 혼란스러워지는 일. 身 문자적으로는 '몸'. 여기서는 '나'라는 에고 의식을 가리킴. 貴大患若身을 '귀한 지위에 오르는 것은 큰 근심거리이니 (귀한 지위란 마치 온갖 괴로움의 근원인) 몸과 같다'고 번역할 수도 있다.

2   何謂 ~하는 이유는 무엇인가? 무엇을 두고 ~이라 하는가?

3   寵謂下 총애는 낮은 것이다. 즉 총애를 받는 것이 치욕을 당하는

것보다 나은 것이 아니다. '寵謂上, 辱謂下' 혹은 '寵謂下, 辱謂上'
으로 되어 있는 판본도 있다. 得之若驚 얻어도 놀란다. 失之若驚
잃어도 놀란다. 是謂 그러므로.

4~5 吾 나. 所以 까닭. 有大患 큰 어려움이 있다. 爲吾有身 나에게 몸
이 있기 때문이다. 즉 '나'라는 에고 의식이 있기 때문이다.

6 及 문자적으로는 '도달하다'. 여기서는 '만약'이라는 뜻으로 사용
됨. 及吾無身 내 몸이 없는 상태에 도달하다. 또는 만약 '나'라는
에고 의식이 없다면. 吾有何患 어찌 나에게 어려움이 있겠는가?

7 貴以身爲天下(者) 문자적으로는 '몸을 천하와 같이 귀히 여기는
사람'. 여기서는 身을 '나'라는 에고 의식으로, 天下를 우주적인 대
자아(大自我) 도(道)로 보고 '에고 의식을 우주적인 대자아(大自我)
인 도(道)와 통합시킨 사람'으로 풀었다. 可寄 줄 수 있다. 愛以身
爲天下(者) 자신을 우주적인 대자아(大自我)에 통합시키는 것을
사랑하는 사람. 可託 맡길 수 있다.

그것은 보려고 해도 보이지 않으므로
모양이 없는 것이라고 한다.
그것은 들으려고 해도 들리지 않으므로
소리가 없는 것이라고 한다.
그것은 잡으려고 해도 잡을 수 없으므로
실체가 없는 것이라고 한다.
그것은 이렇게 알 수도 없고 설명할 수도 없으나,
혼연일체가 된 하나로 경험할 수 있다.

그 꼭대기라고 해서 밝지 않으며,
바닥이라고 해서 어둡지도 않다.
이 신비로운 하나의 끊이지 않는 작용은
말로는 설명할 수 없다.
설명을 하려고 하면 설명할 무엇이 없을 것이다.
그래서 이것을 형상 없는 형상,
모양 없는 모양이라고 한다.
그저 신비하고 신비할 따름이다.

그대가 이 신비로운 하나를 직접 보고자 해도

어디 얼굴이라고 할 수 있는 부분이 없다.

그대가 이 신비로운 하나의 뒤를 따르려 해도

어디 뒤라고 부를 부분이 없다.

이 신비한 도道가 태곳적부터 지금까지

온 우주를 주관하고 있다.

세상에서 벌어지는 모든 일[有]이 도道의 작용이다.

이것을 이해하면

모든 것의 본원과 영원성을 알게 된다.

視之不見, 名曰夷; 聽之不聞, 名曰希; 搏之不得, 名曰微.
시지불견 명왈이 청지불문 명왈희 박지부득 명왈미

此三者, 不可致詰, 故混而爲一.
차삼자 불가치힐 고혼이위일

其上不皦, 其下不昧.
기상불교 기하불매

繩繩不可名, 復歸於無物.
승승불가명 복귀어무물

是謂無狀之狀, 無物(象)之象.
시위무상지상 무물(상)지상

是謂惚恍.
시위홀황

迎之不見其首, 隨之不見其後.
영지불견기수 수지불견기후

執古之道, 以御今之有.
집고지도 이어금지유

能知古始, 是謂道紀.
능지고시 시위도기

---

1 視之不見 보아도 볼 수 없다. 名曰夷 이름하여 '이'라 한다. '이'는 無色(무색) 즉 형태 없다는 뜻. 聽之不聞 들어도 들을 수 없다. 希 소리가 없다는 뜻. 搏之不得 치거나 만지려 해도 손에 닿는 것이 없다. 微 물체가 아니라는 뜻.

2 致詰 규명하다. 또는 연구하다. 混而爲一 섞여 하나가 되다.

3   其上不皦 그 위는 밝지 않다. 其下不昧 그 아래는 어둡지 않다.

4   繩繩 끊이지 않고 작용하는 모습. 不可名 이름 붙일 수 없다. 즉
    정의하거나 설명할 수 없다. 復歸於無物 아무것도 없는 상태로
    돌아간다.

5   是謂 그러므로. 無狀之狀 형상 없는 형상. 無物之象 물체도 없
    는 모양. '모양 없는 모양'이라는 뜻의 無象之象(무상지상)으로 되
    어 있는 사본도 있다.

6   惚恍 황홀하다. 신비스럽다.

7   迎之不見 앞에서 마주 보아도 (그 머리를) 볼 수 없다. 隨之不見
    뒤에서 따라가도 (그 등을) 볼 수 없다.

8   執古之道 執은 '잡다' 또는 '파악하다'는 뜻. 즉 문자적으로는 '태
    곳적 진리를 깨닫고'. 御今之有 御는 '부리다' 또는 '다스리다'는
    뜻. 즉 문자적으로는 '현재의 일을 다스리다'. 이 구절을 '태곳적부
    터 끊이지 않고 작용하고 있는 영원한 진리를 깨닫고 그 진리에 따
    라 오늘을 살아라'로 번역할 수도 있다.

9   能知古始 (만물의) 본원을 능히 안다. 道紀 문자적으로는 '도의 기
    반' 또는 '도의 본질'. 번역에서는 끊이지 않고 작용하는 도의 영원
    성으로 풀었다.

15
장

도道를 체득한 사람의 모습

도道를 체득한 옛사람을 보면
얼마나 깊은지 어떤 사람인지 헤아릴 길이 없다.
그의 깊이는 도무지 알 길이 없다.

그의 모습을 억지로 묘사해 보자면 이렇다.

그의 머뭇거리는 모습은 마치
겨울에 살얼음판 시냇물을 건너는 듯하고,
자기주장을 내세우지 않고 우물쭈물하는 모습은 마치
사방 이웃을 두려워하는 듯하다.
엄숙한 모습은 마치
어려운 자리에 초대받은 손님인 듯하고,
어떤 상황에나 잘 적응하는 모습은 마치
봄바람에 얼음이 녹는 것 같다.
단순하고 소박하기는 마치 다듬지 않은 통나무 같고,
무엇이든 이해하고 받아들이는 모습은 마치
텅 비어 있는 널찍한 골짜기 같으며,
이것서것 구별하지 않는 모습은 마치
흐린 흙탕물 같다.

그는 흐린 듯하다가도
어느 틈엔가 고요함을 되찾아
서서히 맑아진다.
그는 고요히 있다가도
어느 틈엔가 서서히 움직여
생기를 되살린다.

이 길에 서서 흔들리지 않는 사람은
욕심을 채우려고 하지 않으며
무슨 일이나 완전하기를 바라지 않는다.
완전하기를 바라지 않기 때문에
무엇이 낡아도 새것으로 바꾸려 하지 않는다.

古之善爲士者, 微妙玄通, 深不可識.
고지선위사자 미묘현통 심불가식

夫唯不可識, 故强爲之容: 豫兮, 若冬涉川, 猶兮, 若畏四鄰.
부유불가식 고강위지용 예혜 약동섭천 유혜 약외사린

儼兮, 其若客, 煥兮, 若冰之將釋.
엄혜 기약객 환혜 약빙지장석

敦兮, 其若撲, 曠兮, 其若谷.
돈혜 기약박 광혜 기약곡

混兮, 其若濁.
혼혜 기약탁

(孰能)濁以靜之徐清.
(숙능)탁이정지서청

(孰能)安以久動之徐生.
(숙능)안이구동지서생

保此道者不欲盈.
보차도자불욕영

夫唯不盈, 故能蔽不新成.
부유불영 고능폐불신성

1   古之善爲士者 도(道)를 잘 닦은 옛날 사람은. 백서본에는 '士者'
    가 '道者(도자)'로 되어 있다. 微妙玄通 신비스러우며 모든 것에
    통달하여 막힌 데가 없다. 深不可識 깊어서 알 수가 없다.

2   夫唯不可識 도무지 알 길이 없다. 强爲之容 (그의 모습을) 억지
    로 형용하자면. 豫 코끼리[象]의 일종. 즉 코끼리의 머뭇거리는 모

습을 일컬음. 若冬涉川 겨울철에 시냇물을 건너는 듯하다. 猶 개
[犬]. 개가 주인보다 앞서가면서도 갈까 말까 망설이며 우물쭈물
하는 모습을 가리킴. 若畏四鄰 사방에 있는 이웃을 두려워하는
듯하다.

3 儼 엄숙하고 위엄 있는 모습. 其若客 마치 초대받은 손님과 같다.
왕필본에는 '客'이 '谷(곡)'으로 되어 있는데 필사의 오류로 보인다.
渙 풀려 흩어짐. 若冰之將釋 마치 얼음이 녹는 것과 같다.

4 敦 투박하고 질박함. 其若撲 마치 다듬지 않은 통나무 같다. 曠 넓
게 트임. 其若谷 마치 골짜기 같다. 골짜기는 산 사이의 좁은 협곡
이 아니라, 산줄기와 산줄기 사이의 드넓은 벌판을 가리킨다.

5 混 뒤섞여 혼돈스러운 모습. 其若濁 마치 흙탕물 같다.

6~7 (孰能)濁以靜之徐清 (孰能)安以久動之徐生 죽간본과 현행본에
는 괄호 안 글자가 있다. 이럴 경우 '누가 능히 흐린 것을 고요히 하
여 서서히 맑게 할 수 있는가? 누가 조용히 안정된 것을 움직여 서
서히 살아나게 할 수 있는가?'라고 해석할 수 있다. 하지만 백서본
에는 '누가 능히'라는 뜻의 '孰能'이라는 두 글자가 빠져 있다. 이
번역에서는 백서본을 따랐다.

8 保此道者 이러한 도(道)를 간직한 사람. 不欲盈 욕심을 가득 채우
지 않는다. 즉 완전하게 되기를 바라지 않는다.

9 夫唯不盈 오직 채우지 않는다. 能蔽不新成 낡은 것을 새롭게 하
지 않는다.

마음을 끝까지 비운 다음
지극히 고요한 경지를 유지하라.
만물이 나고 자라는 것을 간섭하지 않으면,
그들이 어디서 나와서 어떻게 자라며
어떻게 새롭게 되는지를 알 수 있으리라.
온갖 것이 풀처럼 쑥쑥 자라지만,
그들은 결국 근원인 뿌리로 돌아간다.

뿌리로 돌아가는 것을 고요함이라 하는데,
고요함이 곧 만물의 본성이다.
만물은 늘 이렇게 본성으로 돌아간다.
만물이 늘 본성으로 돌아가는 것을 아는 것을
환한 정신[明]이라 한다.

만물이 늘 본성으로 돌아간다는 것을 모르면
분별심에 따라 행동하여 삶이 뒤죽박죽 혼란해지리라.
그러나 만물이 늘 본성으로 돌아간다는 것을 알면
모든 깃을 받아들일 수 있는 포용력이 생기고,
포용력이 있으면 모든 것을 담담하게 대한다.

모든 것을 담담하게 대하는 사람은

상황의 지배를 받지 않고,

자연의 흐름과 더불어 흘러가는 자유인이 된다.

자연의 흐름을 따르는 것이

곧 도道를 따르는 것이다.

도道는 영원하며,

육신이 소멸해도 사라지지 않는다.

致虛極, 守靜篤.
치허극 수정독

萬物並作, 吾以觀復.
만물병작 오이관복

夫物芸芸, 各復歸其根.
부물예예 각복귀기근

歸根曰靜, 是謂復命.
귀근왈정 시위복명

復命曰常, 知常曰明.
복명왈상 지상왈명

不知常, 妄作凶.
부지상 망작흉

知常容, 容乃公, 公乃王, 王乃天, 天乃道.
지상용 용내공 공내왕 왕내천 천내도

道乃久, 沒身不殆.
도내구 몰신불태

1   致虛極 '비어-있음'의 극치에 도달하여. 즉 마음을 완전히 비워. 죽
     간본에는 '늘 비어 있음에 이르러'라는 뜻의 '致虛恒也(치허항야)'
     로 되어 있다. 守靜篤 고요함을 돈독하게 간직하다.

2   萬物並作 (사람이 간섭하지 않아도) 만물은 함께 생육화성하며. 吾
     以觀復 나는 (만물이 뿌리로) 돌아가는 것을 꿰뚫어 본다. 즉 생육
     화성하는 만물의 근원을 깨닫는다.

3   夫物 온갖 만물. 芸芸 초목이 우거진 모양. 各復歸其根 제각기 자

신의 뿌리로 돌아간다.

4 　歸根曰靜 뿌리로 돌아간 것을 고요함이라 한다. 是謂復命 그것을 일컬어 천명(天命)인 본성(本性)으로 돌아가는 것이라 한다.

5 　復命曰常 본성(本性)으로 돌아가는 것을 일컬어 '늘 그러한 것[常]'이라 한다. 知常曰明 '늘 그러한 것'을 아는 것을 일컬어 '깨달음[明]'이라 한다.

6 　不知常 '늘 그러한 것'을 알지 못하면. 妄作凶 함부로 행동하여 흉한 일을 저지른다.

7 　知常容 '늘 그러한 것'을 알면 포용력[容]이 생긴다. 容乃公 포용력이 있으면 공평해진다. 公乃王 공평해지면 (지배를 받는 것이 아니라 지배하는) 왕이 된다. 王乃天 왕이 되면 하늘의 길을 따른다. 天乃道 하늘의 길을 따르는 것이 곧 도(道)를 따르는 것이다.

8 　道乃久 도(道)는 영원하며. 沒身不殆 육신이 소멸해도 죽지 않는다. 또는 죽을 때까지 위험한 일을 당하지 않는다.

으뜸가는 훌륭한 지도자는
백성들이 그가 있는지조차도 모른다.
버금가는 좋은 지도자는
백성들이 친근감을 갖고 칭송한다.
힘으로 다스리는 지도자는
백성들이 두려워한다.
그보다 더 못한 형편없는 지도자는
백성들이 질시하고 욕한다.
지도자가 정직하지 못하고 성실하지 않으면
백성들이 믿고 따르지 않을 것이다.

신뢰심은 말에서 생기는 것이 아니다.
도道에 따라 조심스럽게 행해야 신뢰를 받는다.
지도자가 무슨 일을 이루었을 때,
사람들이 '우리가 저절로 이렇게 되었구나'라고 말한다면
그는 진정으로 훌륭한 지도자이다.

太上, 下知有之; 其次, 親而譽之; 其次, 畏之; 其次, 侮之.
태상 하지유지 기차 친이예지 기차 외지 기차 모지

信不足焉, 有不信焉.
신부족언 유불신언

悠兮, 其貴言.
유혜 기귀언

功成事遂, 百姓皆謂我自然.
공성사수 백성개위아자연

I　太上 최고 또는 최선. 여기서는 가장 훌륭한 임금을 가리킨다. 下知有之 아래에 있는 백성들이 그가 있는 것 정도만 안다. 不知有之(부지유지)로 되어 있는 사본도 있다. 그러면 '(백성들은) 그가 있는지조차도 모른다'는 뜻이 된다. 其次 그다음은. 즉 버금가는 훌륭한 임금. 親而譽之 (백성들이 그를) 친근히 여기며 칭송한다. 畏之 (백성들이) 두려워한다. 侮之 (백성들이) 멸시한다.

2　信不足焉 성실하지 못하여 믿을 수 없으면. 有不信焉 (백성들이) 믿고 따르지 않는다.

3　悠兮 굼뜨거나 느릿느릿함. 즉 신중한 모습. 其貴言 말을 귀하게 여겨 아끼다. 즉 말보다는 진실한 행동이 있어야 백성의 신뢰를 받는다는 뜻.

4　功成事遂 일이 이루어지다. 또는 (임금이) 일을 이루다. 百姓皆謂我自然 백성들은 (임금이 잘해서가 아니라) 자연의 섭리에 따라 저절로 그렇게 되었다고 한다.

인간이 자연스러운 도道에서 떠나면

사랑이니 정의니 하는

인간관계에 대한 상대적인 규범이 생기기 시작한다.

인간이 지혜를 짜내기 시작하면

위선과 가식이 생겨난다.

가족 사이에 화목이 깨지면

효도다 사랑이다 하는 인위적인 규범이 생기기 시작한다.

충신이란 것도 나라가 어지럽게 되니 있게 된 것이다.

大道廢, 有仁義.
대도폐 유인의

智慧出, 有大僞.
지혜출 유대위

六親不和, 有孝慈.
육친불화 유효자

國家昏亂, 有忠臣.
국가혼란 유충신

I   大道廢 큰 도(道)가 폐기되면. 有仁義 인(仁)과 의(義)가 생긴다.

2   智慧出 지혜가 나오면. 有大僞 큰 거짓이 생긴다.

3   六親不和 부자·형제·부부 사이의 화목이 깨지면. 有孝子 효자가
    나온다.

4   國家昏亂 나라가 혼란하면. 有忠臣 충신이 나온다. '忠臣'이 죽간
    본에는 '정신(正臣, 바른 신하)'으로 백서본에는 '정신(貞臣, 절개가
    있는 신하)'으로 되어 있다.

이 장의 해석에는 많은 논란이 있다. 참고로 죽간본에는 이렇게 되
어 있다. "故大道廢, 安有仁義; 六親不和, 安有孝慈; 邦家昏(亂),
安有正臣?"(대도가 없는데 어찌[安] 인의가 있을 것이며, 육친이 화목
하지 못한데 어찌[安] 효와 자가 있을 것이고, 나라가 혼란한데 어찌[安]
바른 신하가 있겠는가?) 이에 따르면 유가에서 주장하는 인의나 충
효 등이 비도(非道)가 아니라 도(道)가 있으면 저절로 있게 되는 덕
목이라는 뜻이 된다.

성스러움과 지혜로움을 추구하지 마라.

그러는 것이 사람들에게 백배나 더 이로울 것이다.

어짊과 바름을 추구하지 마라.

그러면 사람들이 자연히

효성스러움과 자애로움으로 돌아올 것이다.

사사로운 이익을 탐하는 교묘한 마음을 버려라.

그러면 속이거나 훔치는 일이 사라질 것이다.

이상 버려야 할 세 가지는

사람들이 인위적으로 만든 가르침일 뿐,

온전함과 자연스러움과는 거리가 멀다.

모름지기 자연스러운 본성으로 돌아가

염색하지 않은 명주실과 다듬지 않은 통나무 같은

소박한 도道를 품으라.

에고의 욕심을 줄여라.

絶聖棄智, 民利百倍; 絶仁棄義, 民復孝慈; 絶巧棄利, 盜賊無有.

절성기지 민리백배 절인기의 민복효자 절교기리 도적무유

此三者, 以爲文, 不足.

차삼자 이위문 부족

故令有所屬; 見素抱樸, 少私寡欲.

고령유소속 현소포박 소사과욕

I   絶聖 성스러움을 버리다. 棄智 지혜로움을 버리다. 民利百倍 백성의 이익이 백배가 된다. 絶仁 어짊을 끊다. 棄義 옳음을 버리다. 民復孝慈 백성들이 효성스러움과 자애로움으로 돌아온다. 絶巧 교묘함을 끊다. 棄利 이득 바라는 마음을 버리다. 盜賊無有 도적이 생기지 않는다.

2   此三者 이 세 가지는. 以爲文 인위적으로 만든 문명이다. 不足 (온전함과는) 거리가 멀다.

3   令有所屬 (백성들로 하여금) 소속될 곳이 있도록 하라. 즉 본성에 거하도록 하라. 見素抱樸 素는 염색하지 않은 명주실, 樸은 가공하지 않은 통나무, 見은 '(나타날, 드러날) 현'으로 읽는다. 抱는 '속에 품다'는 뜻. 즉 통나무 같은 자연 그대로의 도(道)를 껴안고 있는 그대로의 소박함을 드러내다. 少私寡欲 사사로움을 적게 하고 욕심을 줄인다.

이것저것 따지는 세속적인 분별을 포기하면

온갖 근심이 사라진다.

(거대한 우주적인 관점에서 생각해 보라)

그렇다느니 아니라느니 시시콜콜 따지는 것이

무슨 의미가 있겠는가?

그런 것과 아닌 것이 무슨 차이가 있는가?

아름다운 것과 추한 것이

본질적으로 무슨 차이가 있는가?

다른 사람들이 좋다고 하면

나도 좋다고 하고,

다른 사람들이 나쁘다고 하면

나도 나쁘다고 해야만 하는가?

그것은 우스꽝스러운 짓이 아니겠는가!

사람들은 잔치를 벌이는 것처럼 기뻐하고,

화창한 봄날 전망 좋은 누각에 올라

아름다운 경치를 즐기는 것처럼 좋아하는데

나 혼자만이 좋다 싫다 감정도 없이,

아무것도 분별 못하는 갓난아이처럼

담담하게 앉아 있구나.

이 세상 근심 걱정 멀리하고,

강물 흐르는 대로 그저 흘러가고 있구나.

세상 사람들은 높은 이상과 야망을 가지고 있는데,

흐리멍덩한 사람은 나뿐인 듯하구나.

세상 사람들은 옳고 그름을 잘도 구별하는데,

나 홀로 멍청한 듯하구나.

세상 사람들은 똑똑하고 영리한데,

나 홀로 어리석어 보이는구나.

그러나 내 마음은,

모든 것을 품고 있는 거대한 바다처럼

고요하고 깨끗하다.

내 마음은,

어디서 불어와 어디로 가는지 알 수 없는 바람처럼

부드럽고 자유롭다.

뭇사람이 모두 영리하고 쓸모 있어 보이는데,

나만 홀로 우둔하고 쓸모없어 보인다.

내가 세상 사람들과 다른 점은,

그들과는 달리 나는

만물을 낳고 먹이는 신비로운 엄마를

소중히 여기고 있다는 사실이다.

絶學無憂.
절학무우

唯之與訶, 相去幾何?
유지여아 상거기하

美[善]之與惡, 相去若何?
미[선]지여오 상거약하

人之所畏, 不可不畏.
인지소외 불가불외

荒兮, 其未央哉!
황혜 기미앙재

衆人熙熙, 如亨太牢, 如春登臺.
중인희희 여향태뢰 여춘등대

我獨泊兮, 其未兆, 如嬰兒之未孩.
아독박혜 기미조 여영아지미해

儽儽兮, 若無所歸.
래래혜 약무소귀

衆人皆有餘, 而我獨若遺.
중인개유여 이아독약유

我愚人之心也哉!
아우인지심야재

沌沌兮!
돈돈혜

俗人昭昭, 我獨昏昏.
속인소소 아독혼혼

俗人察察, 我獨悶悶.
속인찰찰　아독민민

湛兮! 其若海.
담혜　기약해

飂兮! 若無止.
료혜　약무지

衆人皆有以, 而我獨頑似鄙.
중인개유이　이아독완사비

我獨異於人, 而貴食母.
아독이어인　이귀식모

I　絕學無憂 학문을 끊으면 근심이 없다.

2　唯之與訶 '예'하는 것과 '싫어'하는 것이 얼마나 차이가 있겠는가? 唯는 순순히 응하는 대답이고, 訶는 싫다고 거역하는 대답이다(갑본에 따름). 현존하는 대부분의 사본에는 唯之與阿(유지여아, '예'하는 것과 '응'하는 것이 무슨 차이가 있겠는가?)로 되어 있다. 相去幾何 그 둘 사이의 거리가 얼마나 되겠는가?

3　美之與惡 아름다운 것과 추한 것이 얼마나 차이가 있겠는가? 惡는 추할 '오'로 읽는다. 대부분의 사본에는 善之與惡(착한 것과 악한 것이 얼마나 차이가 있겠는가?)로 되어 있다. 相去若何 그 둘 사이의 거리가 얼마나 되겠는가?

4　人之所畏 사람들이 두려워하는 것을. 不可不畏 (나도) 두려워해야만 하는가?

5　荒兮 쌍박하고 막연하다. 其未央哉 그것은 끝이 없을진저! 즉 시시콜콜 시비를 가리는 것은 끝없이 반복되는 우스꽝스러운 짓이라

는 뜻.

6 　衆人熙熙 뭇사람이 즐거워하며 들떠 있다. 如亨太牢 마치 풍성한 음식을 차린 잔치를 벌이는 듯. 太牢는 제물로 쓰기 위해 준비한 가축을 뜻하는데, 여기서는 풍성한 잔치 음식을 가리킨다. 如春登 臺 마치 화창한 봄날 누각에 오르는 듯.

7 　我獨泊兮 나만 홀로 담담하다. 其未兆 아무런 조짐도 없다. 如嬰 兒之未孩 마치 아직 웃을 줄도 모르는 갓난아이 같다. 孩는 어린 아이의 웃음[咳]을 뜻한다.

8 　儽儽兮 맥 빠진 듯 풀이 죽어 있다. 若無所歸 돌아갈 곳조차 없는 듯하다.

9 　衆人皆有餘 세상 사람들은 지나치게 많이 가지고 있다. 我獨若遺 나 혼자만 부족한 듯하다. 遺는 '없다, 부족하다'는 뜻.

10 　我愚人之心也哉 나는 어리석은 사람일진저!

11 　沌沌兮 어둡고 어수룩하다.

12 　俗人昭昭 세상 사람들은 똑똑한 것 같은데. 我獨昏昏 나만 홀로 우매하다.

13 　俗人察察 세상 사람들은 명쾌하게 구별을 잘하는데. 我獨悶悶 나 만 홀로 흐리멍덩하다.

14 　湛兮! 其若海 마치 바다처럼 고요하도다!

15 　飂兮! 若無止 마치 멈추지 않는 바람처럼 끝없이 부는구나!

16 　衆人皆有以 뭇사람이 모두 쓸모가 있는데. 我獨頑似鄙 나만 홀로 우둔하고 비천하여 쓸모가 없다.

17 　我獨異於人 내가 유독 세상 사람들과 다른 점. 貴食母 먹여 주 는 엄마를 귀히 여긴다.

크고 온전한 힘은 오직 도道를 따를 때 나온다

크고 온전한 힘은

오직 도道를 따를 때 나온다.

우주의 본질인 도道는

미묘하여 파악하기 어렵다.

미묘하고 신비로운 그 안에

만물의 형태와 모양이 깃들어 있다.

신비하고 미묘한 그 안에

온갖 만물이 깃들어 있다.

그윽하고 어두운 그 안에

생명의 근원인 정기精氣가 있다.

생명의 정기精氣는 가상의 무엇이 아니다.

실제로 존재하는 확실한 실재이다.

도道는 태초부터 지금까지

영원히 변치 않고 존재하면서,

온갖 것을 낳아 기르고 있다.

내 어찌 그 근원을 알겠는가?

다만 그러함을 앎으로써 알 수 있을 뿐.

孔德之容, 惟道是從.
공덕지용 유도시종

道之爲物, 惟恍惟惚.
도지위물 유황유홀

惚兮恍兮, 其中有象; 恍兮惚兮, 其中有物.
홀혜황혜 기중유상 황혜홀혜 기중유물

窈兮冥兮, 其中有精; 其精甚眞, 其中有信.
요혜명혜 기중유정 기정심진 기중유신

自古及今, 其名不去, 以閱衆甫.
자고급금 기명불거 이열중보

吾何以知衆甫之狀哉?
오하이지중보지상재

以此.
이차

1   孔德之容 큰 덕(德)의 모습은. 孔은 '크다'는 뜻. 德은 도(道)에 따
    라 살 때 나타나는 현상 또는 도(道)의 힘. 惟道是從 오로지 도(道)
    를 따르는 데 있다.

2   道之爲物 도(道)라는 것은. 惟恍惟惚 오직 있는 것 같기도 하고
    없는 것 같기도 하다. 惚과 恍은 둘 다 '있는 듯 없는 듯' 어렴풋하
    다는 뜻.

3   惚兮恍兮 미묘하고 신비롭도다! 其中有象 그 안에 (모든) 형상이
    있다. 恍兮惚兮 신비롭고 미묘하도다! 其中有物 그 안에 (온갖) 만
    물이 있다.

4   窈兮冥兮 깊고 어둡도다! 其中有精 그 안에 정(精)이 있다. 精은 생명력 또는 생명의 본질인 정기(精氣)를 가리킴. 其精甚眞 그 정기(精氣)는 (허상이 아니라) 확실한 실상이며. 其中有信 그 안에 진실이 있다.

5   自古及今 예로부터 오늘까지. 其名不去 그 이름이 변하지 않고. 以閱衆甫 만물을 통솔한다. 閱은 '통솔하다, 총괄하다'는 뜻. 衆甫는 '모든 종족의 우두머리[衆父]'라는 뜻.

6   吾何以知 … 哉 내 어찌 알겠는가? 衆甫之狀 (만물을 통솔하는) 우두머리의 모습. 왕필본에는 '衆甫之然(중보지연, 만물을 통솔하는 우두머리의 그러함)'으로, 백서본에는 '衆父之然(중부지연, 만물을 통솔하는 우두머리의 그러함)'으로 되어 있다.

7   以此 이로써 (알 뿐이다). 즉 앞에서 암시한 것처럼, 도(道)의 존재와 본질을 귀납적으로 인식했다는 뜻.

굽은 것이 자신을 온전히 보존하고

휜 것은 펴진다.

비어 있는 웅덩이는 채워지고,

낡은 것은 새로워진다.

적으면 얻게 되고,

많으면 잃게 된다.

도道를 간직한 사람은

부족하면 부족한 대로

남으면 남는 대로

모든 것을 있는 그대로 받아들인다.

그리하여 뭇사람의 모범이 된다.

그는 자기를 자랑하지 않는다.

그래서 오히려 빛난다.

그는 스스로를 중요하게 여기지 않는다.

그래서 그의 이름이 오히려 드러난다.

그는 무슨 일을 했다고 뽐내지 않기 때문에

오히려 뭇사람의 칭송을 받는다.

그는 자만하지 않기 때문에

오히려 뭇사람의 으뜸이 된다.

그는 누구와도 경쟁하려 하지 않는다.

그러므로 천하에 그와 대적할 상대가 없다.

'굽은 것이 자신을 온전히 보존한다'는 옛말이

어찌 헛말이겠는가!

그러므로 도道를 아는 사람은

모든 것을 있는 그대로 받아들이며,

나서거나 자만하지 않음으로써,

근원적인 도道와 하나 되길 힘쓰는 것이다.

曲則全, 枉則直.
곡즉전 왕즉직

窪則盈, 敝則新.
와즉영 폐즉신

少則得, 多則惑.
소즉득 다즉혹

是以聖人抱一, 爲天下式.
시이성인포일 위천하식

不自見故明, 不自是故彰, 不自伐故有功, 不自矜故長.
부자현고명 부자시고창 부자벌고유공 부자긍고장

夫唯不爭, 故天下莫能與之爭.
부유부쟁 고천하막능여지쟁

古之所謂曲則全者, 豈虛言哉!
고지소위곡즉전자 기허언재

誠全而歸之.
성전이귀지

1   曲則全 굽으면 온전해진다. '구부러진 나무가 (잘리지 않고) 생명을 보전한다'고 옮길 수도 있다. 枉則直 휜 것은 곧게 펴진다.

2   窪則盈 우묵하게 패인 웅덩이는 채워진다. 敝則新 낡은 것은 새롭게 된다.

3   少則得 적으면 얻는다. 多則惑 많으면 미혹에 빠진다.

4   抱一 하나를 지키다. 갑본에는 '執一(집일)'로 되어 있다. 執은 '움켜쥐다', '잡다'는 뜻. 즉 상황에 개의치 않고 '오직 도(道)만 따른

다.' 爲天下式 천하의 모범이 된다. 갑본에는 '爲天下牧(위천하목)'
으로 되어 있다. 牧은 지방장관인 목민관을 가리킨다.

5   不自見 스스로 앞에 나타나지 않는다. 즉 똑똑한 척하지 않는다.
'見'은 '(나타날, 드러날) 현'으로 읽는다. 故明 그러므로 (오히려) 밝
다. 不自是 스스로 옳다고 내세우지 않는다. 즉 잘난 척하지 않는
다. 故彰 그러므로 (오히려) 밝게 드러난다. 不自伐 스스로 자랑하
지 않는다. 故有功 그러므로 오히려 공이 드러난다. 不自矜 자만
하지 않는다. 故長 그러므로 으뜸이 된다. '자만하지 않기 때문에
실패하지 않고 자신을 오래 보전할 수 있다'고 옮길 수도 있다.

6   夫唯不爭 모름지기 다투지 않는다. 天下莫能與之爭 천하에 그와
다툴 수 있는 사람이 없다.

7   古之所謂 옛사람이 말한 바. 曲則全者 이지러진 것은 온전해진
다. 豈 … 哉 어찌 …이겠는가? 虛言 거짓말. 헛말.

8   誠全而歸之 (그렇게 하여야) 참으로 온전히 도(道)로 돌아간다.

사람이 하늘의 길을 따르고자 하면

도道는 이러쿵저러쿵 말이 없다.

그럼에도 불구하고 모든 것을 스스로 이룬다.

생각해 보라.

거센 바람은 한나절도 줄곧 불지 못하고,

소나기도 하루 종일 내리지 못한다.

무엇이 그렇게 만드는가?

자연이 그렇게 만드는 것 아니더냐!

자연의 힘도 이렇게 오래가지 못하는데,

사람의 힘이야 말해서 무엇하겠는가!

도道를 따르는 사람은 도道와 하나 된다.

온전한 덕德을 추구하는 사람은 온전해진다.

도道와 덕德을 잃은 사람은 자연스러움을 잃고

인위적인 가식에 빠진다.

사람이 하늘의 길을 따르고자 하면

하늘은 기꺼이 그와 하나가 된다.

사람이 온전함을 추구하면

온전한 세계가 기꺼이 그를 맞아 준다.

사람이 하늘의 길에서 벗어나면

그 즉시 하늘과 분리된 상태에 떨어진다.

하늘의 길이 자신의 삶을 통해 나타나고 있음을

알지 못하고 믿지 못하는 사람은

온 우주를 주관하고 있는 하늘의 길을

믿고 따르지 못한다.

希言自然.
희언자연

故飄風不終朝, 驟雨不終日.
고표풍부종조 취우부종일

孰爲此者?
숙위차자

天地!
천지

天地尚不能久, 而況於人乎!
천지상불능구 이황어인호

故從事於道者, 道者, 同於道; 德者, 同於德; 失者, 同於失.
고종사어도자 도자 동어도 덕자 동어덕 실자 동어실

同於道者, 道亦樂得之; 同於德者, 德亦樂得之; 同於失者, 失亦樂得之.
동어도자 도역락득지 동어덕자 덕역락득지 동어실자 실역락득지

信不足焉, 有不信焉.
신부족언 유불신언

I 希言 (도道는) 말이 없다. 自然 스스로 그러하다. 또는 스스로 모든 것을 이룬다.

2 飄風 거센 바람. 폭풍. 不終朝 아침나절을 마치지 못한다. 驟雨 소나기. 폭우. 不終日 하루를 마치지 못한다. 즉 '하루 종일 내리지 못한다'.

3 孰爲此者 누가 이렇게 하는가?

4 天地 문자적으로는 하늘과 땅이지만, 여기서는 자연의 법칙을 뜻

한다.

5 天地尙不能久 자연의 힘도 이렇게 오래가지 못한다. 況於人乎 하물며 사람이 하는 일이야 (말할 것도 없다).

6 從事於道者 도(道)를 따르는 사람은. 同於道 도(道)와 같아진다. 德者 덕(德)을 따르는 사람은. 德者는 從事於德者를 줄인 말이다. 同於德 덕(德)과 같아진다. 失者 (도道와 덕德을) 잃어버린 사람은. 同於失 잃음과 같아진다. 즉 자연적인 상태를 잃고 인위적인 가식에 빠진다.

7 同於道者 도(道)와 같아진 사람을. 道亦樂得之 도(道)(의 세계가) 기꺼이 받아들여 열매를 맺게 한다. 同於德者 덕(德)과 같아진 사람을. 德亦樂得之 덕(德)(의 세계가) 기꺼이 받아들여 열매를 맺게 한다. 同於失者 자연 상태를 잃어버린 사람을. 失亦樂得之 인위적인 세계가 기꺼이 받아들여 (가식이라는) 열매를 맺게 한다.

8 信不足焉 믿음이 부족하면. 有不信焉 불신이 생긴다. 즉 믿고 따르지 못한다. 갑본에는 이 구절이 없다. 제17장에도 이 구절이 나오는데, 필사 과정에서 이곳에 덧붙은 것으로 보는 사람도 있다.

까치발로는 오래 서 있지 못한다

발꿈치를 들고 까치발로 서 있는 사람은
흔들리지 않고 오래 서 있지 못하고,
가랑이를 크게 벌리고 걷는 사람은
오래 걷지 못한다.
똑똑한 척하는 사람은 환함이 없고,
잘난 척하는 사람은 남이 알아주지 않는다.
뽐내는 사람은 칭찬받지 못하며,
교만한 사람은 어른 대접을 받지 못한다.

도道를 지닌 사람은
이런 것을 음식 찌꺼기나
얼굴에 붙은 혹 정도로 여긴다.
사람들은 이런 것을 싫어한다.
그러므로 도道를 따르는 사람은
잘난 척하거나 앞에 나서지 않는다.

企者不立; 跨者不行; 自見者不明; 自是者不彰; 自伐者無功;
기자불립 과자불행 자현자불명 자시자불창 자벌자무공

自矜者不長.
자긍자부장

其在道也, 曰: 餘食贅行.
기재도야 왈 여식췌행

物或惡之, 故有道者不處.
물혹오지 고유도자불처

I 企者 발꿈치를 들고 까치발을 하고 있는 사람. 不立 (오래) 서 있지 못한다. 跨者 가랑이를 벌린 사람. 跨는 장애물을 걸터 넘으려는 듯이 가랑이를 크게 벌린 자세를 일컫는다. 不行 (오래) 걷지 못한다. 自見者 스스로 똑똑한 척하는 사람. '見'은 '(나타날, 드러날) 현'으로 읽는다. 不明 밝지 않다. 즉 깨닫지 못한 사람이다. 自是者 스스로 잘난 척하는 사람. 不彰 밝지 않다. 즉 남이 알아주지 않는다. 自伐者 자신의 공을 내세우며 공치사하는 사람. 無功 공이 없다. 즉 칭찬받지 못한다. 自矜者 뽐내며 자랑하는 사람. 不長 (크게) 성장하지 못한다. 또는 남의 우두머리가 될 수 없다.

2 其在道也 도(道)의 입장에서 보면 이런 것들은. 餘食贅行 먹다 남은 밥이나 군더더기로 붙은 혹과 같은 행동이다. 行은 形(형)의 오기인 듯싶다.

3 物或惡之 사람들은 (이런 행동을) 싫어하리라. 여기서 物은 총체적으로 세상 사람들을 가리킨다. 故有道者不處 그러므로 도(道)를 간직한 사람은 (이런 행동을) 하지 않는다. 處는 처신(處身)한다는 뜻.

하늘과 땅이 있기 전에

무언지 알 수 없는 그 무엇이 있었다.

그것은 소리가 없어 들을 수도 없고

모양이 없어 볼 수도 없으나,

다른 것에 의지하지 않고

홀로 우뚝 서서 변하지 않는다.

그것의 영향력은 미치지 않는 데가 없고

움직이지도 멈추지도 않는다.

그러므로 만물의 어미라 할 만하다.

사람의 상대적인 개념으로는

그것에 이름을 붙일 수 없다.

그래서 나는 그저 '도道'라고도 하고,

마지못해 '큰 것'이라고도 한다.

그것은 크기 때문에 무한정 뻗어 나간다.

무한정 뻗어 나가기 때문에 멀리 간다.

멀리 가면 마지막엔 근원으로 되돌아온다.

도道 자체는 무한하다.

하늘과 땅과 사람은 모두

도道가 스스로 자신을 나타낸 것이다.

그러므로 하늘[天]과 땅[地]과 사람[人] 역시 무한하다.

이렇게 네 가지 무한한 것 가운데

사람도 그 중 한 자리를 차지한다.

사람은 땅의 법칙을 본받고,

땅은 하늘의 법칙을 본받으며,

하늘은 도道의 법칙을 본받는다.

그리고 도道는 스스로 그러한

자신의 본성을 따른다.

有物混成, 先天地生.
유물혼성　선천지생

寂兮寥兮, 獨立不改.
적혜요혜　독립불개

周行而不殆, 可以爲天下[地]母.
주행이불태　가이위천하[지]모

吾不知其名, 字之曰道, 强爲之名曰大.
오부지기명　자지왈도　강위지명왈대

大曰逝, 逝曰遠, 遠曰反.
대왈서　서왈원　원왈반

故道大, 天大, 地大, 人[王]亦大.
고도대　천대　지대　인[왕]역대

域中有四大, 而人[王]居其一焉.
역중유사대　이인[왕]거기일언

人法地, 地法天, 天法道, 道法自然.
인법지　지법천　천법도　도법자연

I　有物混成 무엇인가[物]가 혼돈한 상태로 있었다. 先天地生 하늘
　　과 땅이 생기기 전에.

2　寂兮寥兮 고요하고 보이지 않았다. 寂은 소리가 없어 고요하다 뜻
　　이고, 寥는 형태가 없어 보이지 않는다는 뜻이다. 獨立不改 홀로
　　서서 변하지 않는다.

3　周行 두루 미치다. 어디에나 가다. 不殆 지치지 않는다. 쉬지 않는
　　다. 可以爲 능히 …라 할 수 있다. 능히 …로 여길 수 있다. 天下母

천하(만물)의 어미. 갑본에는 天地母(천지모, 하늘과 땅의 어미)로 되어 있다.

4　　吾 나는. 不知其名 그 이름을 알지 못한다. 字之曰道 이름을 지어 도(道)라고 한다. 字는 실제 이름 대신 부르는 '자호'를 가리킨다. 强爲之名 억지로 이름을 지어. 曰大 '큰 것'이라고 한다.

5　　大曰逝 '큰 것'은 (쉬지 않고 뻗어) 나간다. 逝曰遠 (쉬지 않고 뻗어) 나가는 것은 멀리 간다. 遠曰反 멀리 가는 것은 (결국) 되돌아온다.

6　　故道大 그러므로 도(道)는 '큰 것'이다. 天大 하늘도 '큰 것'이고. 地大 땅도 '큰 것'이며. 人亦大 사람 역시 '큰 것'이다. 갑본을 비롯하여 王亦大(왕역대)로 되어 있는 사본도 많으나, 마지막 절에 나오는 人法地와 조화가 되는 人亦大를 택했다.

7　　域中 이 세상에. 域은 四域(사역) 즉 너른 우주를 가리킨다. 有四大 '큰 것'이 네 가지 있다. 人居其一焉 사람도 그중에 한 자리를 차지한다.

8　　人法地 사람은 땅을 본받는다. 法은 기준으로 삼고 따른다는 뜻. 地法天 땅은 하늘을 본받는다. 天法道 하늘은 도(道)를 본받는다. 道法自然 도(道)는 스스로 그러함을 본받는다(따른다).

마음 중심을 굳게 잡음으로

충동적인 흔들림을 치료할 수 있고,

마음을 고요히 함으로

조급함과 분주함을 다스릴 수 있다.

정신이 환한 사람은

하루 종일 움직여도

중심을 흩트리지 않고

고요한 상태를 유지한다.

주위 환경이 화려하고 편안하다 해도

현혹되거나 집착하지 않는다.

자기가 온 세상의 주인인데,

어찌 그 몸을 가볍게 굴릴 수 있겠는가?

가볍게 행동하면 근본을 잃게 되고,

조급하면 주인으로서의 통제력을 잃는다.

重爲輕根, 靜爲躁君.
중위경근　정위조군

是以聖人終日行, 不離輜重; 雖有榮觀, 燕處超然.
시이성인종일행　불리치중　수유영관　연처초연

奈何萬乘之主, 而以身輕天下?
내하만승지주　이이신경천하

輕則失本[根], 躁則失君.
경즉실본[근]　조즉실군

I　重爲輕根 무거운 것이 가벼운 것의 뿌리가 된다. 靜爲躁君 고요
함이 조급함의 임금이 된다. 즉 무거움으로 가벼움을, 고요함으로
조급함을 다스릴 수 있다는 뜻.

2　是以聖人 그러므로 성스러운 사람. 終日行 하루 종일 움직여도.
不離(其)輜重 지휘하는 자리를 떠나지 않는다. 輜重은 군대가 행
군할 때 지휘자가 타고 가는 수레를 가리킨다. 雖有榮觀 비록 화
려한 경치를 즐길 수 있어도. 燕處 편안하게 살다. 超然 속박받는
일 없이 태연하다.

3　奈何 어찌 …하겠는가? 萬乘之主 큰 나라의 임금, 일반적으로 천
자(天子)를 일컫는 말이다. 문자적으로는 '수레(병거) 1만 대의 주
인'. 以身輕天下 세상에서 몸을 가볍게 놀리다. 가볍게 처신한다.

4　輕則失本 가볍게 행동하면 뿌리를 잃는다. 躁則失君 조급하면 임
금 자리를 잃는다.

이렇게 사는 것이 '도道를 따르는 삶'이다

수레를 잘 모는 군대는 바큇자국을 남기지 않는 것처럼

(자기 공적을 자랑하지 않는다)

말을 잘하는 사람은 따지거나 꾸짖지 않는다.

셈을 잘하는 사람은 면밀히 계산하지 않는다.

잘 닫는 사람은 빗장을 걸지 않는다.

그럼에도 불구하고 아무도 그 문을 열려고 하지 않는다.

잘 묶는 사람은 끈으로 꽁꽁 묶지 않는다.

그럼에도 불구하고 사람들은

그가 엉성하게 묶은 것을 풀려고 하지 않는다.

도道를 깨우쳐 정신이 환한 사람은

사람을 차별하지 않고 돕는다.

천한 사람이라고 무시하는 일이 없다.

정신이 환한 사람은

모든 사물을 귀히 여기며 아낀다.

하찮은 것이라고 아무렇게나 대하는 법이 없다.

이렇게 사는 것을 '도道를 따르는 삶'이라고 한다.

정신이 환한 사람은 우둔한 사람의 스승이고,

우둔한 사람은 정신이 환한 사람의 거울이다.

정신이 환한 사람을 존중하지 않는 사람과

우둔한 사람을 멸시하는 사람은

아무리 똑똑한 척할지라도 큰 혼미함에 빠진 것이다.

이것은 이해하기 쉽지 않은 '오묘한 이치'이다.

善行(者)無轍迹, 善言(者)無瑕讁, 善數(者)不用籌策,
선행(자)무철적 선언(자)무하적 선수(자)불용주책

善閉(者)無關楗而不可開, 善結(者)無繩約而不可解.
선폐(자)무관건이불가개 선결(자)무승약이불가해

是以聖人常善救人, 故無棄人; 常善救物, 故無棄物.
시이성인상선구인 고무기인 상선구물 고무기물

是謂襲明.
시위습명

故善人者, 不善人之師; 不善人者, 善人之資.
고선인자 불선인지사 불선인자 선인지자

不貴其師, 不愛其資, 雖智大迷.
불귀기사 불애기자 수지대미

是謂要妙.
시위요묘

I 善行(者)無轍迹 (수레를) 잘 모는 사람은 바퀴자국을 남기지 않는
   다. 또는 훌륭한 행위는 흔적을 남기지 않는다. 善言(者)無瑕讁 말
   을 잘하는 사람은 책잡힐 말을 하지 않는다. 또는 좋은 말은 흠이
   없다. 善數(者)不用籌策 셈을 잘하는 사람은 산가지를 쓰지 않는
   다. 善數를 훌륭한 계획 또는 술책으로 볼 수도 있다. 善閉(者)無
   關楗 잘 닫는 사람은 빗장을 걸지 않는다. 關은 가로로 질러 거는
   빗장. 楗은 세로로 질러 거는 빗장. 而不可開 하지만 열 수 없다.
   善結(者)無繩約 잘 묶는 사람은 줄로 묶지 않는다. 繩은 새끼줄이
   나 밧줄. 約은 꽉 조여 묶다. 而不可解 하지만 풀 수 없다.

2 是以聖人 그러므로 성스러운 사람은. 常善救人 늘 사람을 잘 살

린다. 無棄人 사람을 버리지 않는다. 常善救物 늘 물건을 잘 활용한다. 無棄物 물건을 버리지 않는다.

3 　是謂襲明 이를 일러 '도(道)를 터득하여 간직함'이라 한다. 襲은 '간직하고 지킨다' 또는 '(대를 이어가듯이) 잇는다'는 뜻. 明은 道에 대한 깨달음을 뜻한다.

4 　故善人者 그러므로 선한(잘하는) 사람. 즉 도(道)를 터득하고 간직한 사람은. 不善人之師 선하지 못한(잘하지 못하는) 사람의 스승이다. 不善人者 선하지 못한(잘하지 못하는) 사람은. 善人之資 선한 사람의 밑천이다. 資는 밑천, 바탕, 의지가 되는 것, 돕는 것 등의 뜻이 있다. 스승은 제자의 무지한 행위를 보고 자신의 깨달음을 더욱 상승시켜 나간다는 뜻에서, 제자를 스승의 거울이라고 할 수 있다.

5 　不貴其師 그 스승을 귀하게 여기지 않으면. 不愛其資 그 제자를 자애롭게 대하지 않으면. 雖智 비록 지혜롭다 할지라도. 大迷 큰 혼란에 빠진다.

6 　是謂要妙 이를 일러 '오묘한 이치'라 한다.

자신에게 수컷의 강함이 있음을 알면서도
암컷의 부드러움을 지키는 사람은
시냇물이 된다.
시냇물은 거꾸로 흐르는 법이 없다.
늘 낮은 곳으로 흐르며
만물을 이롭게 한다.
마찬가지로 시냇물처럼 된 사람은
언제나 자신의 본성을 따라 살면서
만물을 이롭게 한다.
그렇게 함으로써 갓난아이와 같은
순수함으로 되돌아간다.

환하면서도 그 빛을 드러내지 않는 사람은
천하의 모범이 된다.
환하면서도 환함을 드러내지 않음으로써
천하의 모범이 된 사람은
분별이 없는 도道의 자리에 머물면서
그 길에서 한 치도 벗어나지 않는다.

영화를 누릴 수 있음에도 불구하고
꾸밈없는 소박함을 지키는 사람은
너른 골짜기가 된다.
이것저것 받아들이는 골짜기는
넉넉하여 부족함을 모른다.
그리하여 골짜기처럼 된 사람은
다듬지 않은 통나무처럼 투박하지만
부족함을 모르는 넉넉한 상태에 머문다.

통나무에 끌질을 하면
이런저런 기물을 만들 수 있다.
하지만 환한 깨달음이 있는 사람은
투박한 통나무를 자르고 다듬는 기교를 부리지 않고
모든 것이 자연스럽게 이루어지도록 한다.
세세한 조항으로 나누지 않은 제도가
훌륭한 제도라는 것도 같은 이유에서이다.

知其雄, 守其雌, 爲天下谿.
지기웅 수기자 위천하계

爲天下谿, 常德不離, 復歸於嬰兒.
위천하계 상덕불리 복귀어영아

知其白, 守其黑, 爲天下式.
지기백 수기흑 위천하식

爲天下式, 常德不忒, 復歸於無極.
위천하식 상덕불특 복귀어무극

知其榮, 守其辱, 爲天下谷.
지기영 수기욕 위천하곡

爲天下谷, 常德乃足, 復歸於樸.
위천하곡 상덕내족 복귀어박

樸散則爲器, 聖人用之, 則爲官長.
박산즉위기 성인용지 즉위관장

故大制不割.
고대제불할

I   知其雄 그 숫컷 됨을 알면서도. 雄은 원래 수탉을 일컫는 말인데, 남성성 일반을 가리키는 말로 쓰인다. 守其雌 그 암컷 됨을 지키면. 雌는 원래 암탉을 일컫는 말인데, 여성성 일반을 가리키는 말로 쓰인다. 爲天下谿 하늘 아래 계곡물이 된다. 谿는 골짜기가 아니라 골짜기에 흐르는 물을 가리킨다.

2   爲天下谿 하늘 아래 계곡물이 되면. 常德不離 늘 그러한 덕(德)이 떠나지 않는다. 復歸於嬰兒 갓난아이로 되돌아간다.

3 知其白 그 흰빛을 알면서도. 守其黑 그 검은빛을 지키면. 爲天下 式 하늘 아래 모범이 된다.

4 爲天下式 하늘 아래 모범이 되면. 常德不忒 늘 그러한 덕(德)이 한 치도 어긋나지 않는다. 復歸於無極 세상이 있기 이전의 상태로 되돌아간다. 또는 음양이 나타나기 이전 상태로 돌아간다. 無極은 분별이 없는 자리이다.

5 知其榮 그 영화로움을 알면서도. 守其辱 그 욕됨을 지키면. 爲天 下谷 하늘 아래 골짜기가 된다.

6 爲天下谷 하늘 아래 골짜기가 되면. 常德乃足 늘 그러한 덕이 풍족하게 된다. 復歸於樸 (통나무 같은) 투박한 상태로 되돌아간다.

7 樸散則爲器 통나무가 흩어지면 그릇이 된다. 聖人用之 성스러운 사람은 통나무를 다듬지 않고 그대로 씀으로. 왕필을 비롯하여 많은 해석자들이 '之(지)'라는 지시대명사를 '器(기)'를 가리키는 말로 보지만 '樸(박, 통나무)을 가리키는 말로 보는 사람도 많다. 이 번역에서는 후자의 견해를 따랐다. 則爲官長 (모든 것을 다스리는) 백관의 우두머리가 된다.

8 故大制不割 그러므로 훌륭한 제도는 자르거나 나누지 않는다. 갑 본(甲本)에는 不이 無(무)로 되어 있으나 뜻에는 차이가 없다.

자연은 마음대로 주무를 수 있는 게 아니다

자연(세상)을 정복하여

욕심대로 이용해 보려는 행위는

결코 성공을 거두지 못한다.

자연(세상)은 신비로운 것이다.

결코 마음대로 주무를 수 있는 게 아니다.

욕망에 따라 자연(세상)을 어떻게 해 보려는

인위적인 시도는

자연(세상)을 망치기만 한다.

자연(세상)을 정복하려는 사람은

자연(세상)을 잃는다.

천하 만물은

앞으로 나가는 것이 있는가 하면

그 뒤를 따르는 것도 있다.

따뜻한 것이 있는가 하면

찬 것도 있다.

강한 것이 있는가 하면

약한 것도 있다.

솟아오르는 것이 있는가 하면

가라앉는 것도 있다.

그러므로 도道를 체득한 사람은

극단과 방종과 지나친 것을 피한다.

將欲取天下而謂之, 吾見其不得已.
장욕취천하이위지 오견기부득이

天下神器, 不可爲也: 爲者敗之, 執者失之.
천하신기 불가위야 위자패지 집자실지

(故)物或行或隨, 或歔或吹, 或强或羸, 或挫[載]或隳.
(고)물혹행혹수 혹허혹취 혹강혹리 혹좌[재]혹휴

是以聖人去甚, 去奢, 去泰.
시이성인거심 거사 거태

I 將欲 둘 다 하려고 욕심부린다. 取天下而爲之 천하를 취해 어찌
   해 보려고 한다. 爲之에서 之는 천하를 취하려는 '행위'를 가리키
   고, 爲는 그런 행위를 '하다'라는 뜻이다. 吾見 내가 보기에. 其不
   得已 그것은 되지 않는다.

2 天下神器 천하는 신기한 기물이다. 不可爲也 어찌할 수 없다. 爲
   者敗之 어찌하는 자는 패한다. 執者失之 잡는 자는 잃는다.

3 (故)物 천하 만물은. 或行 혹은 앞으로 나가는가 하면. 或隨 혹은
   뒤를 따른다. 或歔或吹 혹은 뜨거운 숨을 내뿜는가 하면. 혹은 찬
   숨을 내뿜는다. 或强或羸 혹은 강한가 하면, 혹은 약하다. 或載或
   隳 혹은 올라가는가 하면, 혹은 무너진다. 或挫或隳(혹좌혹휴, 꺾이
   는 것이 있는가 하면 무너지는 것도 있다)로 되어 있는 사본도 있다.

4 是以聖人 그러므로 성스러운 사람은. 去甚 지나침을 버린다. 去奢
   사치와 향락을 버린다. 去泰 과분한 것을 버린다.

도道를 따라 임금을 보좌하는 사람은

무력으로 세상을 다스리는 것을 막는다.

무력의 대가는 반드시 돌아온다는 것을 알기 때문이다.

군대가 휩쓸고 간 자리는 황폐해진다.

큰 전쟁 뒤에는 언제나 전염병이나 기근이 따른다.

훌륭한 통치자는

위난을 극복하기 위해 부득이 군대를 동원할 뿐,

총칼로 세상을 정복하려 하지 않는다.

그런 사람은

위난을 잘 극복한 다음에도

뽐내거나 자만하거나 거드름을 피우지 않는다.

그는 위난을 극복하기 위해 부득불 무력을 사용했을 뿐,

총칼 휘두르는 것을 능사로 삼지 않는다.

지나치게 빨리 성장하면

빨리 쇠퇴한다.

지나친 것은 자연의 섭리를 서스른다.

자연의 섭리를 거스르는 것은

결코 오래가지 못한다.

以道佐人主者, 不以兵强天下.
이도좌인주자　불이병강천하

其事好還.
기사호환

師之所處, 荊棘生焉.
사지소처　형극생언

大軍之後, 必有凶年.
대군지후　필유흉년

善者果而已, 不敢以取强.
선자과이이　불감이취강

果而勿矜, 果而勿伐, 果而勿驕.
과이물긍　과이물벌　과이물교

果而不得已, 果而勿强.
과이부득이　과이물강

物壯則老, 是謂不道.
물장즉노　시위부도

不道早已.
부도조이

I　以道佐人主者 도(道)를 가지고 임금을 보좌하는 사람은. 人主는
　　군주 또는 임금을 가리킨다. 不以兵强天下 무력으로 천하의 패권
　　을 잡지 않는다.

2　其事好還 그런 일은 마땅한 보복을 받는다.

3　師之所處 군대가 주둔한 곳. 荊棘生焉 가시덤불이 자란다. 즉 황

폐해진다.

4 大軍之後 큰 군대(가 지나간) 뒤에는. 必有凶年 꼭 흉년이 든다.

5 善者果而已 훌륭한 사람은 열매 맺는 것으로 그칠 뿐. 즉 싸워야 할 때 싸우는 것으로 끝난다는 뜻. 不敢以取强 감히 (군대를) 강하게 하지 않는다.

6 果而勿矜 열매를 맺되 자만하지 않고. 果而勿伐 열매를 맺되 공적을 자랑하지 않으며. 果而勿驕 열매를 맺되 잘난 체하지 않는다.

7 果而不得已 부득이 열매를 맺었을 뿐. 果而勿强 열매를 맺었다 해서 강하려고 하지 않는다.

8 物壯則老 만물은 (빨리 강하게) 성장하면 늙는다. 是謂不道 (빨리 강하게 성장하는 것은) 도(道)에 어긋난다.

9 不道早已 도에 어긋나는 것은 이내 멸망한다.

사람을 해치는 무기는
아무리 보석으로 장식했을지라도
상서로운 물건이 아니다.
세상 사람들은 무기를 무서워한다.
그러므로 도道를 따르는 사람은
무기를 곁에 두지 않는다.

옛날 풍습에 의하면,
훌륭한 통치자는
평화 시에는 왼쪽에,
전쟁 시에는 오른쪽에
지위가 높은 신하를 앉혔다.

무기는 좋은 일에 쓰는 도구가 아니다.
도무지 훌륭한 통치자가 쓸 물건이 아니다.
부득이 사용해야 할 경우에는,
될 수 있는 한 억제하는 마음을 가지고
무력 사용을 남발하는 일을 피해야 한다.
전쟁에서 이겼다고 해서

좋아해서는 안 된다.

전쟁에서 이겼다고 기뻐하는 사람은

살인과 파괴를 즐기는 자이다.

살인과 파괴를 즐기는 사람은

그의 성공과 번영이 오래가지 못한다.

결혼식 같은 즐거운 행사에서는

주인의 왼쪽에 지체 높은 사람이 앉고,

장례식 같은 슬픈 행사에서는

주인의 오른쪽에 지체 높은 사람이 앉는다.

그러므로 전쟁 시에

부사령관이 왼쪽에 자리 잡고

총사령관이 오른쪽에 자리 잡는 것은,

전쟁을 기쁜 일이 아니라

장례식과 같이 슬픈 일로 여긴다는 뜻이다.

전쟁이 일어나면

무수한 죄 없는 사람이 죽는다.

그렇다면 머리를 조아리고

그들의 죽음을 애도하는 것이 당연하다.

그러므로 전쟁에서 승리해도

초상을 치르듯이 슬퍼하는 것이 마땅하다.

夫佳兵者, 不祥之器.
부가병자　불상지기

物或惡之, 故有道者不處.
물혹오지　고유노자불처

君子居則貴左, 用兵則貴右.
군자거즉귀좌　용병즉귀우

兵者, 不祥之器, 非君子之器.
병자　불상지기　비군자지기

不得已而用之, 恬淡爲上.
불득이이용지　염담위상

勝而不美.
승이불미

而美之者, 是樂殺人.
이미지자　시락살인

夫樂殺人者, 則不可以得志於天下矣.
부락살인자　즉불가이득지어천하의

吉事尙左, 凶事尙右.
길사상좌　흉사상우

偏將軍居左, 上將軍居右; 言以喪禮處之.
편장군거좌　상장군거우　언이상례처지

殺人之衆, 以悲哀泣之; 戰勝, 以喪禮處之.
살인지중　이애비읍지　전승　이상례처지

1 夫佳兵者 무릇 날카로운 무기라고 하는 것은. 佳兵은 성능 좋은 무기를 가리킨다. 不祥之器 상서롭지 못한 도구이다.

2 物或惡之 사람들은 늘 그것을 미워한다. 物은 만물이라는 뜻이지만 여기서는 세상 사람들을 가리킨다. 或은 常(상, 언제나, 늘)과 같은 뜻. 故有道者不處 그러므로 도(道)를 지닌 자는 (무기를) 간직하지 않는다.

3 君子居則貴左 점잖은 사람은 평소에는 왼쪽을 소중히 여긴다. 왕은 남쪽을 향해 앉기 때문에 왕의 왼쪽은 해가 뜨는 동쪽으로, 생명을 살리는 방향으로 여겼다. 用兵則貴右 무력을 쓸 때에는 오른쪽을 귀히 여긴다. 오른쪽은 서쪽으로, 생명을 죽이는 방향으로 여겼다.

4 兵者 무기라는 것은. 不祥之器 상서롭지 못한 도구이다. 非君子之器 점잖지 못한 사람들이 쓰는 물건이다.

5 不得已而用之 부득이한 경우에 사용하는 물건이다. 恬淡爲上 담담한 마음을 갖는 것이 최상이다.

6 勝而不美 이겨도 기뻐하지 않고.

7 而美之者 (이겼다고) 기뻐하는 사람은. 是樂殺人 살인을 즐기는 자일뿐이다.

8 夫樂殺人者 무릇 살인을 즐기는 자는. 則不可 … 矣 어찌 가능하겠는가? 得志於天下 천하의 뜻을 얻다. 즉 뜻을 이루다.

9 吉事尙左 기쁜 일을 치를 때에는 왼쪽을 높인다. 凶事尙右 슬픈 일을 치를 때에는 오른쪽을 높인다.

10 偏將軍居左 부관이 왼쪽에 자리 잡는다. 上將軍居右 총사령관이 오른쪽에 자리 잡는다. 言以喪禮處之 (이것은 곧) 장례식을 하듯 (전쟁을) 치르라는 말이다.

11 殺人之衆 많은 사람을 죽이다. 以悲哀泣之 눈물을 흘리며 슬피

울어야 한다. 戰勝 전쟁에서 이기다. 以喪禮處之 장례식을 하듯 처신하다.

도道는 뭐라고 이름을 붙일 수 없다.

다듬지 않은 통나무 같다.

통나무는 매우 투박하고 보잘것없지만

아무도 통나무 보고 이래라저래라 하지 못한다.

임금이 통나무 같은 자신의 본성을 지킨다면

세상이 조화롭게 흘러갈 것이다.

하늘 기운과 땅 기운이 조화를 이루어

단 이슬을 내리고,

억지로 법도와 규범을 만들지 않아도

세상이 조화롭게 될 것이다.

통나무를 자르고 다듬으면

여러 가지 기물이 나온다.

각 기물은 저마다 이름과 용도를 갖게 되고,

자신의 이름과 용도라는 한계에 속박된다.

그러면 통나무 같은 소박함을 잃고 혼란스러워진다.

그러므로 한계와 혼란스러움을 피하려면

이름을 붙이며 이것저것 가르고 나누는 행위를 멈추어야 한다.

개울과 시냇물이 강과 바다로 흘러가듯이

통나무 같은 소박하고 분별없는 도道로 돌아가야 한다.

道常無名, 樸; 雖小, 天下莫能臣也.
도상무명 박 수소 천하막능신야

侯王若能守之, 萬物將自賓.
후왕약능수지 만물장자빈

天地相合, 以降甘露, 民莫之令而自均.
천지상합 이강감로 민막지령이자균

始制有名.
시제유명

名亦旣有, 夫亦將知止.
명역기유 부역장지지

知止, 可以不殆.
지지 가이불태

(譬)道之在天下, 猶川谷之於江海.
(비)도지재천하 유천곡지어강해

I   道常無名 도(道)는 늘 이름이 없다. 樸 가공하지 않은 통나무. 雖
    小 비록 작다 할지라도. 죽간본에는 '작다, 숨기다'는 뜻의 '微(미)'
    로 되어 있다. 天下莫能臣也 하늘 아래 그 누구도 (도道를) 신하
    로 삼지 못한다.

2   侯王若能守之 임금이 (통나무 같은) 도(道)를 지킨다면. 之는 도
    (道)를 가리킨다. 萬物將自賓 만물이 스스로 따를 것이다. 賓은
    '따르다, 복종하다'는 뜻.

3   天地相合 하늘과 땅이 서로 합하여. 以降甘露 단 이슬을 내린다.
    民莫之令 사람들은 명령하지 않아도. 自均 저절로 가지런하게

된다.

4 始制有名 (통나무는) 가공됨으로써 이름이 생긴다.

5 名亦既有 일단 이름이 붙으면. 夫亦將知止 무릇 또한 멈춤을 알게 된다.

6 知止 멈춤을 알게 되면. 즉 이름을 붙이며 구별하는 것을 중지하면. 可以不殆 위태롭지 아니하다.

7 (譬)道之在天下 도(道)를 간직한 사람이 하늘 아래에서 살아가는 모습은 (비유하자면). 譬는 비유한다는 뜻. 猶川谷之於江海 마치 개울과 시냇물이 강과 바다로 흘러들어 가는 것과 같다.

자신을 아는 것을 환함이라고 한다

다른 사람을 아는 것을 지혜라 하고,

자신을 아는 것을 환함이라고 한다.

다른 사람을 이기는 것을 힘이라 하고,

자신을 이기는 것을 강함이라고 한다.

족한 줄 아는 것이 부유함이고,

자신을 이기기 위해서 정진하는 것을 뜻이라 한다.

자연스러운 본성을 잃어버리지 않는 것이 오래가고,

몸이 죽어도 사라지지 않는 것이 (오래가는) 생명이다.

知人者智, 自知者明.
지인자지　자지자명

勝人者有力, 自勝者强.
승인자유력　자승자강

知足者富, 强行者有志.
지족자부　강행자유지

不失其所者久, 死而不亡者壽.
불실기소자구　사이불망자수

1 知人者智 다른 사람을 아는 것을 지혜라 한다. 自知者明 자기를
　아는 것을 밝음이라 한다.

2 勝人者有力 다른 사람을 이기는 것을 힘이 있다고 한다. 自勝者
　强 자기를 이기는 것을 강함이라고 한다.

3 知足者富 족한 줄 아는 것을 부유함이라고 한다. 强行者有志 힘
　있게 밀어붙이는 것을 뜻이 있는 것이라고 한다.

4 不失其所者久 자기 자리를 잃어버리지 않는 것을 영원함이라고
　한다. 死而不亡者壽 죽어도 망하지 않는 것을 오래 사는 것이라고
　한다.

우주의 근원인 도道는

만물 속에 두루 깃들어 있다.

온 세상에 도道가 가득 차 있다.

도道는, 만물에게 생명을 불어넣으면서도

이러쿵저러쿵 말이 없다.

만물을 조화롭게 이끌면서도

자기가 했다고 나서지 않는다.

만물을 먹이고 입히면서도

주인 행세를 하지 않는다.

도道는 늘 이렇게 욕심이 없으며,

앞으로 나서지 않는다.

그러므로 잘 드러나지 않는다.

그러나 만물이

근원인 도道로 말미암아 존재함에도 불구하고

주인 행세를 하지 않으므로

'위대한 것'이라고 할 수 있다.

도道가 자기를 내세우지 않으면서도

천지만물을 주관하는 것은

크면서도 스스로 크다고 뽐내지 않기 때문이다.

大道氾兮, 其可左右.
대도범혜 기가좌우

萬物侍之而生, 而不辭.
만물시지이생 이불사

功成不名有; 衣養萬物而不爲主.
공성불명유 의양만물이불위주

常無欲, 可名於小; 萬物歸焉而不爲主, 可名爲大.
상무욕 가명어소 만물귀언이불위주 가명위대

以其終不自爲大, 故能成其大.
이기종불자위대 고능성기대

I   大道氾兮 큰 도(道)는 흘러넘치고 있다. 其可左右 그것은 좌로나
    우로나 (마음대로) 갈 수 있다.

2   萬物侍之而生 만물은 도(道)에 의지하여 생겨난다. 不辭 말이
    없다.

3   功成不名有 이루고서도 이름을 갖지 않는다. 功成而不居(공성이
    불거, 이루고서도 머물지 않는다)로 되어 있는 사본도 있다. 갑본에는
    成功遂事而弗名有也(성공수사이불명유야, 일을 성공적으로 마치고
    난 다음에도 이름을 갖지 않는다)로 되어 있다. 衣養萬物 (도道는) 만
    물을 입히고 먹이면서도. 不爲主 주인 행세를 하지 않는다.

4   常無欲 늘 욕심이 없다. 可名於小 가히 '작은 것'이라고 할 수 있
    다. 萬物歸焉 만물이 이곳으로 돌아가는데도. 不爲主 주인 행세를
    하지 않는다. 可名爲大 (그러므로) 가히 '큰 것'이라고 할 수 있다.

5   以其終 (그러나) 끝까지. 不自爲大 스스로 크다고 하지 않는다. 故
    能成其大 그러므로 그 큼을 이룬다.

도道를 꽉 잡고,

온 세상에서 자유롭게 노닌다.

그렇게 노닐어도

전혀 해롭지 않다.

오히려 평온하고 평화롭다.

아름다운 음악과 맛있는 음식은

나그네의 발길을 멈추게 한다.

그러나 도道에 대한 가르침은

담담하여 재미가 없다.

눈을 만족시켜 주지도 못하고,

귀를 즐겁게 해 주지도 못한다.

하지만 이롭기로 말하자면 끝이 없다.

執大象, 天下往.
집대상 천하왕

往而不害, 安平太.
왕이불해 안평태

樂與餌, 過客止.
약여이 과객지

道之出口, 淡乎其無味.
도지출구 담호기무미

視之不足見, 聽之不足聞, 用之不足既.
시지부족견 청지부족문 용지부족기

I   執大象 도(道)를 꽉 잡다. 大象(큰 이미지)은 형상이 없어서 마음의 눈으로밖에는 그려볼 수 없는 도(道)를 가리킨다. 天下往 천하가 움직인다. 즉 자유롭게 세상을 산다.

2   往而不害 자유롭게 살아도 해가 없다. 安平太 (오히려) 평화롭고 태평하다.

3   樂與餌 음악과 좋은 음식. 過客止 지나가는 나그네를 멈추게 한다.

4   道之出口 도(道)가 입 밖으로 나오다. 淡乎其無味 담담하여 맛이 없다.

5   視之不足見 보아도 보기에 족하지 않다. 聽之不足聞 들어도 듣기에 족하지 않다. 用之不足既 써도 끝이 없다. 既는 끝나다, 다하다[盡]는 뜻.

부드럽고 약한 것이 딱딱하고 강한 것을 이긴다

움츠리려면 반드시 먼저 활짝 펴야 한다.

약하게 하려면 반드시 먼저 강하게 해야 한다.

멸망시키려면 반드시 먼저 흥하게 해야 한다.

빼앗으려면 반드시 먼저 주어야 한다.

이것은 비밀스러운 법칙이다.

부드럽고 약한 것이 딱딱하고 강한 것을 이긴다.

물고기가 잘난 척하며

연못에서 뛰쳐나오면 죽는다.

마찬가지로 힘으로 다스리려는 나라는

오래가지 못한다.

將欲歙之, 必固張之; 將欲弱之, 必固強之; 將欲廢之, 必固興之;
장욕흡지　필고장지　장욕약지　필고강지　장욕폐지　필고흥지

將欲奪之, 必固與之.
장욕탈지　필고여지

是謂微明.
시위미명

柔弱勝剛强.
유약승강강

魚不可脫於淵, 國之利器不可以示人.
어불가탈어연　국지리기불가이시인

1　將欲歙之 장차 움츠리고자 하면. 必固張之 반드시 먼저 펴야 한다. 將欲弱之 장차 약하게 하려면. 必固強之 반드시 먼저 강하게 해야 한다. 將欲廢之 장차 멸망시키고자 하면. 必固興之 반드시 먼저 흥하게 해 주어야 한다. 將欲奪之 장차 빼앗고자 하면. 必固與之 반드시 먼저 주어야 한다.

2　是謂微明 이것을 일러 미묘한 슬기라고 한다.

3　柔弱勝剛强 부드럽고 약한 것이 딱딱하고 강한 것을 이긴다.

4　魚不可脫於淵 물고기는 연못에서 뛰쳐나오면 안 된다. 國之利器 나라의 이로운 물건. 여기서는 '유력한 통치 수단'으로 보았다. 不可以示人 사람에게 과시하면 안 된다.

하려고 함이 없어도 모든 일을 이룬다

도道는 늘,

하려고 함이 없으면서도

모든 일을 이룬다.

임금이 만약 이러한 도道를 따라

인위적으로 무엇을 하려고 하지 않는다면

세상만사가 순리대로 풀려 갈 것이다.

무엇을 어떻게 해보려는 욕망이 일어나면,

이름이 생기기 이전의 통나무 같은 본성의 힘으로

욕망을 잠재우도록 하라.

이름이 생기기 이전의 통나무 같은 본성에는

본디 욕망이란 게 없다.

그러므로 욕심을 버리고

통나무 같은 고요한 본성을 지키면

삶의 혼란이 가라앉고,

세상일이 모두 질서 있게 이루어져 나갈 것이다.

道常, 無爲而無不爲.
도상 무위이무불위

侯王若能守之, 萬物將自化.
후왕약능수지 만물장자화

化而欲作, 吾將鎭之以無名之樸.
화이욕작 오장진지이무명지박

無名之樸, 夫亦將無欲.
무명지박 부역장무욕

不欲以靜, 天下將自定.
불욕이정 천하장자정

1 道常 도(道)는 늘 그러하다. 無爲而無不爲 함이 없으면서도 못하는 것이 없다.

2 侯王若能守之 임금이 만약 이[道]를 잘 지킬 수 있다면. 萬物將自化 만물이 장차 스스로 되어 갈 것이다.

3 化而欲作 어떻게 해보려고 욕심을 낸다면. 欲作은 '욕심이 일어난다'는 뜻. 吾將鎭之以無名之樸 나는 장차 이름도 없는 통나무로 진정시킬 것이다.

4 無名之樸 이름 없는 통나무는. 夫亦將無欲 무릇 욕심 또한 없다.

5 不欲以靜 욕심을 부리지 않고 맑으면. 天下將自定 온 세상이 장차 스스로 안정될 것이다. 갑본과 을본에는 天地將自正(천지장자정, 하늘과 땅이 장차 스스로 바르게 될 것이다)으로 되어 있다.

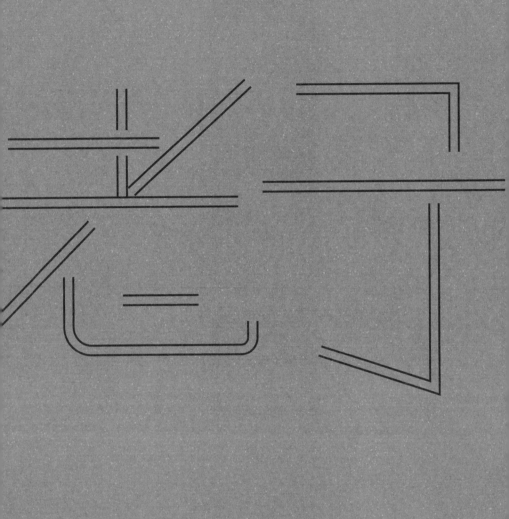

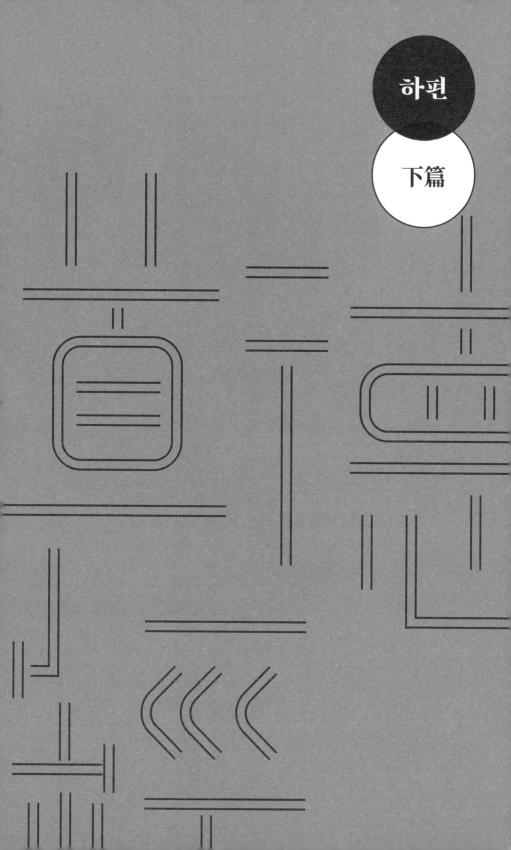

하편

下篇

무엇을 버리고 무엇을 취해야 할지를 아는가?

자연스럽게 도道를 따르는 사람은

고귀한 품성을 지니게 된다.

그럼에도 불구하고

자신이 고귀하다고 생각하지 않는다.

그러므로 진실로 고귀하다.

도道에 따라 살아 보려고 애쓰는 사람은

고귀한 품성을 지니려고 애쓴다.

하지만 그것은 진짜로 고귀한 것이 아니다.

자연스럽게 도道를 따르는 사람[上德]은

아무것도 인위적으로 하려고 하지 않는다.

애를 써서 도道에 따라 살아 보려는 사람[下德]은

인위적으로 무엇인가를 하려고 한다.

최고로 어진 사람[上仁]은

어진 행동을 하려고 한다.

하지만 억지로 애쓰지는 않는다.

아주 올바른 사람[上義]은

올바르게 산다.

하지만 그렇게 살려고 의식적으로 애쓴다.

예절이 아주 바른 사람[上禮]은

사회적인 윤리 규범을 잘 지킨다.

그는 다른 사람에게도 자기처럼 살 것을 강요한다.

도道에서 떠나면

자신의 진정한 본성을 지키지 못한다.

그러면 사람들은 고귀한 품성[德]을 강조한다.

고귀한 품성이 메마르면

사람들은 인간적인 사랑[仁]에 호소한다.

인간적인 사랑이 메마르면

사람들은 올바른 양심[義]에 호소한다.

올바른 양심마저 사라지면

사회적인 윤리 규범[禮]이 강조된다.

사회적인 윤리 규범은

공정함과 신실함이 사라졌을 때 강조된다.

그러므로 윤리 규범이 강조되면

이미 사회적인 혼란이 심각한 지경에 달했다는 증거이다.

무엇을 좀 앞질러서 아는 것도

겉으로 보기엔 멋있어 보일지 모르나,

인간의 진정한 본성에서는 벗어나는

겉치레 행위에 지나지 않는다.

이런 겉치레 행위에서 모든 어리석음이 시작된다.

그러므로 도道를 체득한 사람은

겉으로 드러나는 행위에는 관심을 두지 않고,

오직 자신의 본성인 궁극적인 실재에 마음을 둔다.

아무리 화려해도 껍데기에는 관심을 두지 않고,

알맹이에만 관심을 둔다.

도道를 체득해 환해진 사람은 이렇게,

무엇을 버리고 무엇을 취해야 할지를 안다.

上德不德, 是以有德.
상덕부덕 시이유덕

下德不失德, 是以無德.
하덕불실덕 시이무덕

上德, 無爲而無以爲.
상덕 무위이무이위

下德, 爲之而有以爲.
하덕 위지이유이위

上仁, 爲之而無以爲, 上義, 爲之而有以爲,
상인 위지이유이위 상의 위지이유이위

上禮, 爲之而莫之應, 則攘臂而扔之.
상례 위지이막지응 즉양비이잉지

故失道而後德, 失德而後仁, 失仁而後義, 失義而後禮.
고실도이후덕 실덕이후인 실인이후의 실의이후예

夫禮者, 忠信之薄, 而亂之首.
부례자 충신지박 이란지수

前識者, 道之華而愚之始.
전식자 도지화이우지시

是以大丈夫處其厚, 不居其薄; 處其實, 不居其華.
시이대장부처기후 불거기박 처기실 불거기화

故去彼取此.
고거피취차

1 上德不德 최상의 덕(德)은 덕스럽지 않다. 즉 자신이 덕스럽다고 생각하지 않는다. 是以有德 그러므로 덕스럽다.

2 下德不失德 낮은 덕(德)은 덕(德)을 잃지 않으려고 애쓴다. 是以無德 그러므로 덕스럽지 못하다.

3 上德無爲 최상의 덕(德)은 인위적으로 무엇을 하려고 하지 않는다. 而無以爲 그리고 아무것도 하지 않는다.

4 下德爲之 낮은 덕(德)은 인위적으로 무엇인가를 하려고 한다. 而有以爲 그러면서 무엇인가를 한다.

5 上仁爲之 최고로 어진 사람은 무엇인가 하려고 한다. 而無以爲 그러면서도 억지로 하지는 않는다. 上義爲之 최고로 의로운 사람은 무엇인가 하려고 한다. 而有以爲 그러면서 무엇인가를 한다.

6 上禮爲之 최고로 예절 바른 사람은 무엇인가 하려고 한다. 而莫之應 그러면서 상대방이 응해 주지 않으면. 則攘臂而扔之 팔을 걷어붙이고 강제로 잡아끈다.

7 故失道而後德 그러므로 도(道)를 잃은 후에 덕(德)이 있고. 失德而後仁 덕(德)을 잃은 후에 인(仁)이 있으며. 失仁而後義 인(仁)을 잃은 후에 의(義)가 있고. 失義而後禮 의(義)를 잃은 후에 예(禮)가 있다.

8 夫禮者 무릇 예(禮)라는 것은. 忠信之薄 진정한 믿음이 엷은 것으로서. 而亂之首 혼란의 머리다. 首를 '시작'이라는 뜻으로 볼 수도 있다.

9 前識者 앞서서 안다는 것. 道之華 도(道)의 꽃이다. 즉 허황된 것이다. 而愚之始 어리석음의 시작이다.

10 是以大丈夫 그러므로 대장부는. 노자가 말하는 大丈夫는 지혜의 힘이 강한 사람 즉 도(道)를 터득한 사람을 가리킨다. 處其厚 두터움, 즉 본질에 처한다. 不居其薄 그 (인위적인 것들의) 엷음, 즉 현상

에 거하지 않는다. 處其實 그 열매에 처한다. 不居其華 그 (현상의)
화려함에 거하지 않는다.

11 故去彼取此 그러므로 저것을 버리고 이것을 취한다.

예부터 자신의 본성[道]에 머무름으로써

진정한 자기 자신이 된 것들이 있었다.

하늘은 자신의 본성에 머무름으로써

맑게 되었다.

땅은 자신의 본성에 머무름으로써

안정되었다.

신령한 기운은 자신의 본성에 머무름으로써

신령한 힘을 갖게 되었다.

골짜기는 자신의 본성에 머무름으로써

뭇 생명으로 가득 차게 되었다.

만물은 자신의 본성에 머무름으로써

활기 넘치는 생명력을 갖게 되었다.

도道를 체득한 제후와 임금은 자신의 본성에 머무름으로써

세상을 바르게 다스리게 되었다.

이 모두가 자신의 본성에 머무름으로써

진정한 자기 자신이 된 것들이다.

본성을 거스르는 자의 운명은 멸망이다.

하늘이 만약 맑지 못하면

흩어져 사라질 것이다.

땅이 만약 튼튼하지 못하면

무너져 뒤집힐 것이다.

신령한 기운이 만약 신령하지 못하면

힘을 잃고 흩어져 버릴 것이다.

골짜기가 만약 뭇 생명으로 가득 차지 못하면

고갈되어 황폐해질 것이다.

만물이 만약 활기 넘치는 생명력을 잃는다면

시들어 죽어 버릴 것이다.

제후와 임금이 만약 고결함을 잃는다면

넘어져 몰락하게 될 것이다.

높은 것이 낮은 것을 토대로 서 있듯이,

위대한 것은 평범한 것에 그 뿌리를 두고 있다.

그러므로 옛날 제후와 임금은 자신을 칭할 때

'고孤'(외로운 존재),

'과寡'(가치 없는 존재),

'불곡不穀'(부족한 존재)이라고 했다.

이것이야말로 근본이 특별하지 않다는 인식 아니겠는가?

그렇지 않은가?

진정한 명예는 얻으려고 애써서

얻을 수 있는 것이 아니다.

수단 방법을 가리지 않고 명예를 얻고자 하는 사람은

오히려 치욕을 당한다.

그러니 보석처럼 귀하게 대접받길 바라지 말고,

굴러다니는 돌처럼 여겨지기를 원해라.

昔之得一者: 天得一以清, 地得一以寧, 神得一以靈, 谷得一以盈,
석지득일자 천득일이청 지득일이녕 신득일이령 곡득일이영

萬物得一以生, 侯王得一以爲天下貞.
만물득일이생 후왕득일이위천하정

其致之.
기치지

天無以淸, 將恐裂; 地無以寧, 將恐發; 神無以靈, 將恐歇; 谷無以盈,
천무이청 장공렬 지무이녕 장공발 신무이령 장공헐 곡무이영

將恐竭; 萬物無以生, 將恐滅; 侯王無以貴高, 將恐蹶.
장공갈 만물무이생 장공멸 후왕무이귀고 장공궐

故貴以賤爲本, 高以下爲其.
고귀이천위본 고이하위기

是以侯王自謂, 孤·寡·不穀.
시이후왕자위 고 과 불곡

此非以賤爲本邪? 非乎?
차비이천위본야 비호

故致數輿無輿.
고치삭여무여

不欲琭琭如玉, 珞珞如石.
불욕녹록여옥 낙락여석

I   昔之得一者 옛날에 하나를 얻은 것(들이 있었다). 天得一以清 하늘은 하나를 얻어 맑게 되었다. 地得一以寧 땅은 하나를 얻어 안정되었다. 神得一以靈 신은 하나를 얻어 신령하게 되었다. 谷得一以盈 골짜기는 하나를 얻어 가득 찼다. 萬物得一以生 만물은 하

나를 얻어 생기로 충만하게 되었다. 侯王得一以爲天下貞 임금은 하나를 얻어 세상을 바르게 다스렸다.

2 　其致之 이는 (모두 하나에) 이른 것들이다.

3 　天無以淸 하늘이 맑지 않으면. 將恐裂 장차 갈라질 것이다. 地無以寧 땅이 안정되지 못하면. 將恐發 장차 무너질 것이다. 神無以靈 신이 신령하지 못하면. 將恐歇 장차 소멸될 것이다. 谷無以盈 골짜기가 가득 차지 못하면. 將恐竭 장차 메마를 것이다. 萬物無以生 만물이 생기가 없으면. 將恐滅 장차 멸할 것이다. 侯王無以貴高 임금이 고귀하지 않으면. 將恐蹶 장차 몰락할 것이다.

4 　故貴以賤爲本 그러므로 귀한 것은 천한 것을 뿌리로 삼는다. 高以下爲其 높은 것은 아랫것을 바탕으로 삼는다.

5 　是以侯王自謂 그러므로 임금이 스스로 자신을 부르기를. 孤·寡·不穀 외로운 사람·부족한 사람·궁핍한 사람.

6 　此非以賤爲本邪 이것은 천한 것을 뿌리로 삼는 것이 아니겠는가? 非乎 그렇지 아니한가?

7 　故致數輿無輿 輿는 '수레'다. '數'은 '(자주) 삭'으로 읽어서, '수레를 자주 타려는 사람은 수레가 없다'로 번역할 수 있다. 輿 대신 車(거, 수레)와 '譽(예, 명예)'로 되어 있는 사본도 있다. '數'는 필요치 않은 글자라고 보고 '지극한 명예는 명예라고 할 것이 없다'고 번역하는 사람도 있다. 이 번역에서는 전자의 견해를 따랐다.

8 　不欲琭琭如玉 옥처럼 아름답게 빛나기를 바라지 않는다. 珞珞如石 구르는 돌같이 여긴다.

근본으로 돌아가는 것이 도道의 운동 양식이다

근본으로 돌아가는 것이
영원한 도道의 운동 양식이고,
약하고 부드러운 것이
영원한 도道의 생산 양식이다.
세상 만물은 유有에서 나오고,
유有는 무無에서 나온다.

反者, 道之動; 弱者, 道之用.
반자　도지동　약자　도지용

天下萬物生於有, 有生於無.
천하만물생어유　유생어무

1　　反者 돌아오는 것은. 道之動 도(道)의 운동이다. 弱者 약한 것은.
　　　道之用 도(道)의 작용이다.

2　　天下萬物生於有 세상 만물은 유(有)에서 나온다. 有生於無 유
　　　(有)는 무(無)에서 나온다.

지혜로운 사람은

도道에 대한 이야기를 들으면

열심히 그 길을 따른다.

보통사람은

도道에 대한 이야기를 들으면

그 길을 따르고 싶어하면서도

자꾸 딴 길로 가는 경우가 많다.

세속적인 사람은

도道에 대한 이야기를 들으면

큰소리로 비웃는다.

세속적인 사람이 듣고 비웃지 않는다면,

그건 도道가 아니라고 봐도 좋다.

그래서 옛사람들은

이렇게 말했다.

"도道를 체득해 환해진 사람은

오히려 우매한 듯이 보인다.

도道에 가까이 간 사람은

오히려 도道와는 상관없이 사는 것처럼 보인다.

도道에 따라 자연스럽게 사는 사람은

오히려 힘든 방식으로 사는 것처럼 보인다.

온전한 덕德을 지닌 사람은

오히려 아무 생각이 없는 사람처럼 보인다.

티 없이 맑은 사람은,

오히려 바보처럼 보인다.

두루 덕스러운 사람은

오히려 뭔가 모자라는 사람처럼 보인다.

강한 덕德을 지닌 사람은

오히려 약한 사람처럼 보인다.

정직한 사람은,

오히려 어리석은 사람처럼 보인다.

하지만 거대한 사방에는 구석이 없으며,

큰 그릇은 그 모양을 알 수 없다.

엄청나게 큰 소리는 귀에 들리지 않고,

엄청나게 큰 것은 형상을 알 수 없다.

마찬가지로, 도道는 은밀히 숨어 있어서

무엇인지 알 수 없다.

그럼에도 불구하고

늘 만물을 낳고 먹이고 입힌다."

上士聞道, 勤而行之; 中士聞道, 若存若亡; 下士聞道, 大笑之.
상사문도　근이행지　중사문도　약존약망　하사문도　대소지

不笑, 不足以爲道.
불소　부족이위도

故建言有之: 明道若昧, 進道若退, 夷道若纇, 上德若谷, 大白若辱,
고건언유지　명도약매　진도약퇴　이도약뇌　상덕약곡　대백약욕

廣德若不足, 建德若偸, 質眞若渝.
광덕약부족　건덕약투　질진약투

大方無隅, 大器晩成, 大音希聲, 大象無形, 道隱無名, 夫唯道善貸且成.
대방무우　대기만성　대음희성　대상무형　도은무명　부유도선대차성

I　　上士聞道 뛰어난 선비가 도(道)를 들으면. 勤而行之 그것을 열심
히 실천한다. 中士聞道 중간 정도의 선비가 도(道)를 들으면. 若存
若亡 반쯤은 믿고 반쯤은 의심한다. 下士聞道 낮은 수준의 선비가
도(道)를 들으면. 大笑之 크게 웃을 것이다.

2　　不笑 웃지 않으면. 不足以爲道 도(道)가 되기에는 부족하다.

3　　故建言有之 그러므로 격언에 있듯이. 또는 '건언'이라는 책에 있
듯이. 明道若昧 밝은 도(道)는 어두운 듯하다. 進道若退 앞으로
나아가는 도(道)는 뒤로 물러서는 듯이 보인다. 夷道若纇 평탄한
도(道)는 울퉁불퉁한 것처럼 보인다. 上德若谷 최상의 덕(德)은 텅
빈 것처럼 보인다. 大白若辱 완전한 결백함은 욕스러운 듯이 보인
다. 廣德若不足 넓은 덕(德)은 부족한 듯이 보인다. 建德若偸 강
건한 덕(德)은 불안정해 보인다. 質眞若渝 질박한 진실은 내용이
없는 듯하다.

4　　大方無隅 큰 사각형은 귀퉁이가 없다. 大器晩成 큰 그릇은 늦게

이루어진다. 보통은 큰 인물[大器]은 늦게 완성된다는 뜻으로 풀이하지만, 문맥의 흐름에 어울리지 않는다. 大器無形(대기무형) 또는 大器無象(대기무상)이 필사하는 과정에서 의도적이거나 실수로 현재와 같이 바뀐 것 같다. 늦은 나이에 이르기까지 출세하지 못한 누군가가 필사를 하면서, 또는 해설을 하면서 자기 신세를 빗대어 희망사항을 반영한 것이 아닐까 싶다. 백서본에는 왕필본의 '晚(만)'이 '免(면)'으로 되어 있어서 '큰 그릇은 이루어짐을 면한다. (이루어지지 않는다)'로 해석해야 한다는 견해가 있는데, 어떤 견해를 택하든지 成(성) 자가 들어가면 '도는 너무 커서 인식할 수 없다'는 문맥에 어울리지 않는다. 大音希聲 音은 여러 악기의 합주로 이루어진 음악을 가리키고, 聲은 개별적인 악기 소리를 뜻한다. 大象無形 큰 형상은 모양이 없다. 을본(乙本)에는 大가 天(천)으로 되어 있다. 道隱無名 도(道)는 숨어 있어서 이름이 없다. 夫唯道善貸且成 무릇 도(道)는 오로지 자기를 잘 빌려주어 이루게 한다.

도道가 하나를 낳고,

하나는 둘을 낳으며,

둘은 셋을 낳는다.

그리고 셋에서 만물이 나온다.

만물은 음陰 기운과 양陽 기운을 함께 지니고 있으며,

음양 두 기운은 제3의 기운[沖氣]의 작용에 의해서

조화를 이룬다.

세상 사람들은

외롭고[孤], 가치 없고[寡], 부족한 것[不穀]을 싫어한다.

하지만 지혜로운 옛날 임금과 제후들은

스스로 자신을 일컬을 때 이런 칭호를 사용했다.

무릇 사물의 이치란

덜면 보태지고

보태면 덜어지는 것이다.

사람들이 옛날부터 가르친 것을

나 또한 그내들에게 가르치고자 한다.

'힘으로 폭력을 행사하는 사람은 제 명에 못 죽는다'.

나는 이 가르침을 모든 가르침의 기본으로 삼는다.

道生一, 一生二, 二生三, 三生萬物.
도생일 일생이 이생삼 삼생만물

萬物負陰而抱陽, 沖氣以爲和.
만물부음이포양 충기이위화

人之所惡, 唯孤·寡·不穀, 而王公以爲稱.
인지소오 유고 과 불곡 이왕공이위칭

故物或損之而益, 或益之而損.
고물혹손지이익 혹익지이손

人之所敎, 我亦敎之.
인지소교 아역교지

强梁者不得其死, 吾將以爲敎父.
강량자부득기사 오장이위교부

1   道生一 도(道)가 하나를 낳고. 一生二 하나는 둘을 낳고. 二生三
      둘은 셋을 낳고. 三生萬物 셋은 만물을 낳는다.

2   萬物負陰而抱陽 만물은 음(陰)을 등에 지고 양(陽)을 가슴에 품고
      있다. 沖氣以爲和 충기(비어 있는 기운)로 조화를 이룬다.

3   人之所惡 사람들은 싫어하는바. 唯孤·寡·不穀 외로움·가치 없
      음·부족함을. 而王公以爲稱 임금과 제후들은 그것을 (자신의) 칭
      호로 사용했다.

4   故物或損之而益 그러므로 사물의 이치란 손해를 보면 이익이 되
      고. 益之而損 이익을 보려 하면 손해를 본다.

5   人之所敎 사람들이 가르치는바. 我亦敎之 나 또한 그것을 가르치
      고자 한다.

6   强梁者 강포한 것은. 不得其死 그 죽음을 얻지 못한다. 즉 제 명에

못 죽는다. 吾將以爲敎父 나는 이것을 모든 가르침의 아버지로 삼
는다.

세상에서 가장 부드러운 것이

가장 단단한 것을 녹이고 부술 수 있다.

형태가 없는 것은

틈이 없는 곳으로 뚫고 들어갈 수 있다.

이로써 나는

억지로 하지 아니하는 것이

얼마나 큰 힘이 있는지를 안다.

말 없는 가르침과 억지로 하지 아니함,

이 둘보다 큰 힘이 세상에는 없으리라.

天下之至柔, 馳騁天下之至堅.
천하지지유　치빙천하지지견

無有入無間.
무유입무간

吾是以知無爲之有益.
오시이지무위지유익

不言之敎, 無爲之益, 天下希及之.
불언지교　무위지익　천하희급지

I 　天下之至柔 세상에서 가장 부드러운 것이. 馳騁 말이 세차게 달
　　려 나가다. 말을 모는 것처럼 '잘 부린다'는 뜻으로 보인다. 天下之
　　至堅 세상에서 가장 견고한 것.

2 　無有 형체가 없는 것. 충기(沖氣)를 가리키는 것으로 보인다. 入無
　　間[閒] 틈이 없는 곳으로 들어간다.

3 　吾是以知 나는 이로써 안다. 無爲之有益 함이 없는 것의 유익함
　　을.

4 　不言之敎 말하지 아니하는 가르침. 無爲之益 함이 없음의 이로
　　움. 天下希及之 천하에 이에 미치는 것이 없다.

명예와 재물은 얻었지만 자기를 잃는다면

명예와 자기 중에 어느 것이 더 소중한가?

재물과 자기 중에 어느 것이 더 귀중한가?

명예와 재물은 얻었지만 자기를 잃는다면,

그것이 더 걱정스러운 일 아니겠는가?

명예에 지나치게 집착하는 사람은

반드시 그 대가를 치러야 하고,

재물을 많이 쌓아 놓은 사람은

반드시 많이 잃어버리게 될 것이다.

스스로 만족할 줄 아는 사람은

부끄러움을 당하지 않는다.

적당한 선에서 멈출 줄 아는 사람은

위태로운 일을 당하지 않는다.

이렇게 살면 삶의 조화와 평안이 깨지지 않는다.

名與身孰親?

명여신숙친

身與貨孰多?

신여화숙다

得與亡孰病?

득여망숙병

是故甚愛必大費; 多藏必厚亡.

시고심애필대비 다장필후망

知足不辱, 知止不殆, 可以長久.

지족불욕 지지불태 가이장구

1   名與身孰親 이름과 몸 중에 어느 것이 더 소중한가?

2   身與貨孰多 몸과 재물 중에 어느 것이 더 귀중한가?

3   得與亡孰病 얻음과 잃음 중에 어느 것이 병인가? 즉 '이름과 재
    물을 얻고[得] 자기를 잃는[亡]다면 그게 고통이 아니겠는가?'라
    는 뜻.

4   是故 이런 까닭에. 甚愛必大費 심히 아끼면 반드시 큰 대가를 치
    른다. 多藏必厚亡 많이 간직하면 반드시 많이 잃는다.

5   知足不辱 족함을 알면 욕되지 않는다. 知止不殆 멈출 줄 알면 위
    태롭지 않다. 可以長久 오래 보전할 수 있다.

우리의 본성은 고요함이다

온전하게 이루어진 것은

무언가 부족한 듯이 보인다.

하지만 아무리 써도

늘 새것처럼 쓸 수 있다.

속이 꽉 찬 것은

어딘지 비어 있는 듯이 보인다.

하지만 그 용도는 무궁무진하다.

진짜로 똑바른 것은 굽은 것처럼 보인다.

기술이 뛰어난 사람은 서투른 것처럼 보인다.

정말로 말을 잘하는 사람은 어눌한 듯이 보인다.

움직이며 뛰면 추위를 이길 수 있다.

하지만 더위를 이길 수는 없다.

움직이지 않고 가만히 있으면 더위를 이길 수 있다.

하지만 추위를 이길 수는 없다.

몸은 움직이면서도 마음이 움직이지 않는 것이

진짜 고요함이다.

사신의 본성에 머무는 사람만이

이런 고요함을 지킬 수 있다.

大成若缺, 其用不弊; 大盈若沖, 其用不窮.
대성약결　기용불폐　대영약충　기용불궁

大直若屈, 大巧若拙, 大辯若訥.
대직약굴　대교약졸　대변약눌

躁勝寒, 靜勝熱, 清靜爲天下正.
조승한　정승열　청정위천하정

I　大成若缺 완전히 이루어진 것은 마치 결함이 있는 것 같다. 其用不弊 (하지만) 그 쓰임은 낡지 않는다. 大盈若沖 완전히 꽉 찬 것은 마치 비어 있는 것 같다. 其用不窮 (하지만) 그 쓰임은 다하지 않는다.

2　大直若屈 똑바른 것은 마치 굽어 있는 것 같다. 大巧若拙 뛰어나게 정교한 것은 마치 서툰 것 같다. 大辯若訥 유창한 웅변은 마치 더듬는 것 같다.

3　躁勝寒 뛰면 추위를 이기고. 靜勝熱 고요하게 있으면 더위를 이긴다. 清靜爲天下正 고요해야만 하늘 아래 바른 것이 된다. 清靜은 '절대 고요' 즉 몸은 움직여도 마음은 움직이지 않는 진짜 고요함을 가리킨다. 죽간본에는 '正'이 '定(정)'으로 되어 있다. 그러면 그 뜻은 '맑고 고요해야 천하가 안정된다'가 된다.

세상 사람들이 도道에 따라 살 때는
잘 달리는 말도 밭갈이에 쓰인다.
그러나 사람들이 도道에 따라 살지 않을 때는
새끼 밴 말조차도 전쟁터로 끌려 나간다.

있는 것으로 족한 줄을 모르고
욕심부리는 것보다 더 큰 불행은 없다.
개인이나 나라를 막론하고,
탐욕보다 더 큰 잘못은 없다.
사람은 자신의 본성에 거하면서
만족할 줄 알 때
언제나 넉넉함을 누린다.

天下有道, 却走馬以糞; 天下無道, 戎馬生於郊.
천하유도 각주마이분 천하무도 융마생어교

禍莫大於不知足, 咎莫大於欲得.
화막대어불지족 구막대어욕득

故知足之足, 常足矣.
고지족지족 상족의

1　天下有道 세상에 도(道)가 있으면. 却走馬以糞 잘 달리는 말이 똥 수레를 끈다. 天下無道 세상에 도(道)가 없으면. 戎馬生於郊 새끼 밴 말이 전쟁터에서 새끼를 낳는다.

2　禍莫大於 …보다 더 큰 화는 없다. 不知足 족함을 모르다. 咎莫大於 …보다 더 큰 허물은 없다. 欲得 얻겠다는 욕심.

3　故知足之足 그러므로 족함을 아는 만족은. 또는 멈춤을 아는 만족은. 常足矣 늘 넉넉한 것이다.

억지로 하지 않고도 모든 것을 이룬다

문밖에 나가지 않고도
세상 돌아가는 것을 알고,
이것저것 배우지 않고도
하늘의 이치를 깨달을 수 있다.
이것저것 배우면 배울수록 본성에서 멀어지고
아는 것이 적어진다.
그러므로 도道를 체득해 환해진 사람은
밖으로 나가지 않고도 세상일을 알고,
일일이 비교 연구하지 않고도 그것이 무엇인지를 알며,
억지로 하지 않고도 모든 것을 이루는 것이다.

不出戶, 知天下; 不闚牖, 見天道.
불출호 불규유 불규유 견천도

其出彌遠, 其知彌少.
기출미원 기지미소

是以聖人不行而知, 不見而名, 不爲而成.
시이성인불행이지 불견이명 불위이성

1   不出戶 문밖으로 나가지 않고도. 知天下 천하를 안다. 不闚[竅]牖
    창문으로 엿보지 않고도. 見天道 하늘의 도(道)를 본다.

2   其出彌遠 멀리 나가면 멀어지고. 其知彌少 그 아는 것이 적어진다.

3   是以聖人 그러므로 성스러운 사람은. 不行而知 가지 않고도 안
    다. 不見而名 보지 않고도 깨닫는다. 보지 않고도 눈에 보이는 세
    계가 무엇인지를 안다. 不爲而成 하지 않고도 이룬다.

세상에서 주인으로 살려면

학문적인 지식은 배우면 배울수록
아는 것이 늘어 머리가 복잡해지지만,
우주의 근원인 도道를 따르는 사람은
하루하루 마음을 비워 단순해진다.
비우고 또 비우면,
인위적인 욕망이 없이 행하는 단계에 도달한다.
이 단계에 도달하면,
억지로 애쓰지 않아도
모든 것이 조화롭게 이루어진다.

세상에서 주인으로 살려면
세상일에 얽매여서는 안 된다.
세상일에 얽매여 분주한 사람은
결코 세상의 주인 노릇을 하지 못한다.

爲學日益, 爲道日損.
위학일익 위도일손

損之又損, 以至於無爲.
손지우손 이지어무위

無爲而無不爲.
무위이무불위

取天下常以無事.
취천하상이무사

及其有事, 不足以取天下.
급기유사 부족이취천하

I   爲學日益 학문을 하면 날마다 더하고. 爲道日損 도(道)를 닦으면
     날마다 줄어든다.
2   損之又損 줄고 또 줄어들어. 以至於無爲 함이 없는 데까지 도달
     한다.
3   無爲而無不爲 함이 없음으로써 못하는 것이 없다.
4   取天下 세상을 자기 것으로 하려면. 常以無事 언제나 일을 벌이
     지 마라.
5   及其有事 일을 벌이는 데 이르면. 不足以取天下 세상을 자기 것
     으로 삼기에 부족하다.

어떤 것이 참된 덕德인가?

도道를 체득해 환해진 사람은

고정 관념이나 판단하는 마음을 지니지 않고,

모든 사람을 있는 그대로 수용한다.

친절한 사람에게는 친절하게 대한다.

그러나 친절치 않은 사람에게도 친절하게 대한다.

이것이 참된 덕德이다.

도道를 체득해 환해진 사람은

신실한 사람에게는 신실하게 대한다.

그러나 신실치 못한 사람에게도 신실하게 대한다.

이것이 참된 덕德이다.

도道를 체득해 환해진 사람은

세상 사람들의 갖가지 생각과 마음을

어떤 것도 물리치지 않고 다 수용한다.

내가 옳다 네가 옳다 따지지 않고

조화를 이루려고 한다.

세상 사람들은 눈을 동그랗게 뜨고

자기에게 무슨 이익이 없을까 귀를 기울이지만,

도道를 체득해 환해진 사람은

그들을 본성으로 되돌려
어린아이처럼 되도록 이끈다.

聖人無常心, 以百姓心爲心.
성인무상심 이백성심위심

善者, 吾善之; 不善者, 吾亦善之, 德善.
선자 오선지 불선자 오역선지 덕선

信者, 吾信之; 不信者, 吾亦信之, 德信.
신자 오신지 불신자 오역신지 덕신

聖人在天下歙歙焉, 爲天下渾其心.
성인재천하흡흡언 위천하혼기심

百姓皆注其耳目焉, 聖人皆孩之.
백성개주기이목언 성인개해지

I   聖人無常心 성스러운 사람은 늘 같은 마음을 품지 않는다. 백서본
      에는 無常心이 '항상 무심하다'는 뜻의 恒無心(항무심)으로 되어
      있다. 以百姓心爲心 백성의 마음을 (자신의) 마음으로 삼는다.

2   善者 선한 사람을. 吾善之 나는 선하게 대한다. 不善者 선하지 않
      은 사람은. 吾亦善之 나는 그도 역시 선하게 대한다. 德善 (그래서)
      선을 쌓는다.

3   信者 신실한 사람을. 吾信之 나는 신실하게 대한다. 不信者 신실
      치 못한 사람은. 吾亦信之 나는 그도 역시 신실하게 대한다. 德信
      (그래서) 신실함을 쌓는다.

4   聖人在天下 성스러운 사람이 세상에 임할 때. 歙歙焉 (사람들의
      마음을) 수렴한다. 또는 누구나 다 잘 받아들인다. 歙歙은 새가 날
      개깃을 모으는 모양 또는 우산을 접을 때의 모양을 표현한 말이
      다. 爲天下渾其心 세상을 위해 그 마음을 (세상 사람들의 마음과)
      섞는다.

5   百姓皆注其耳目焉 백성들이 모두 귀를 세우고 눈을 모을 때. 왕
     필본 본문에는 이 구절이 누락되어 있는데, 해설에는 이 구절에 대
     한 설명이 있다. 또한 백서본에는 갑을본 모두에 이 구절이 있다.
     聖人皆孩之 성스러운 사람은 그들을 어린아이로 만든다.

사람의 육체적인 생명은

태어나면서 시작되고

죽으면서 끝나는 것처럼 보인다.

살다 보면 죽을 위험도 찾아오고,

위험에서 벗어나 살아날 수 있는 기회도 온다.

그러나 살 수 있음에도 불구하고

죽음을 향해 달려가는 경우도 있다.

그렇게 되는 이유는,

살려는 몸부림이 지나쳐

도리어 역효과를 가져오기 때문이다.

반면에 생명 에너지를 잘 기르고 보존하는 사람은

길에서 외뿔 들소나 호랑이를 만나도 무서워하지 않으며,

전쟁터에서도 갑옷을 입지 않는다고 한다.

그럼에도 불구하고 외뿔 들소의 강한 뿔이나

호랑이의 날카로운 발톱이 그를 해치지 못하며,

서슬이 퍼런 칼도 그를 벨 수 없다고 한다.

왜 그렇겠는가?

그에게는 잘 보존된 생명 에너지가 충만하여

죽음이 들어설 자리가 없기 때문이 아니겠는가.

出生入死.

출생입사

生之徒十有三, 死之徒十有三.

생지도십유삼 사지도십유삼

人之生, 動之死地, 亦十有三.

인지생 동지사지 역십유삼

夫何故?

부하고

以其生生之厚.

이기생생지후

蓋聞, 善攝生者: 陸行不遇兕虎, 入軍不被甲兵.

개문 선섭생자 육행불우시호 입군불피갑병

兕無所投其角, 虎無所措其爪, 兵無所容其刃.

시무소투기각 호무소조기조 병무소용기인

夫何故?

부하고

以其無死地.

이기무사지

1   出生入死 생명으로 나왔다가 죽음으로 들어간다.

2   生之徒十有三 생명을 따르는 자가 열에 셋이다. 死之徒十有三
     죽음을 따르는 자가 열에 셋이다.

3   人之生 사람이 태어나. 즉 생명을 가지고 살면서도. 動之死地 죽
     음으로 움직이는 자. 亦十有三 역시 열 명 중에 세 명은 있다.

4   夫何故 대체 왜 그런가?

5   以其生生之厚 그 살려고 하는 몸부림이 지나치기 때문이다.

6   蓋聞 무릇 듣건대. 善攝生者 생명을 잘 유지하는 사람은. 陸行不遇兕虎 육지를 다닐 때 외뿔 들소나 호랑이를 만나지 않고. 入軍不被甲兵 군대에 들어가도 갑옷을 입거나 무기를 들지 않는다.

7   兕無所投其角 외뿔 들소가 뿔로 쳐 받을 곳이 없고. 虎無所措其爪 호랑이가 발톱으로 할퀼 곳이 없으며. 兵無所容其刃 창과 칼이 찌르고 들어갈 곳이 없다.

8   夫何故 대체 왜 그런가?

9   以其無死地 그에게는 죽음의 땅이 없기 때문이다.

낳고 기르면서도 자기 소유물로 여기지 않는다

도道는 만물을 낳고,

도道의 힘인 덕德은 만물을 기른다.

도道가 만물에게 형상을 주며,

도道의 힘은 만물을 성장시킨다.

그러므로 세상에서 도道와 덕德보다 존귀한 것은 없다.

따라서 도道를 따라 덕德을 행하는 사람은

누가 존귀하게 여기든 말든

그 자체로 스스로 존귀한 것이다.

도道가 만물을 낳고,

도道의 힘인 덕德이 만물을 기른다.

돌보아 자라게 하고,

보호하고 감싸 주며,

따뜻하게 품고 양육한다.

도道는 이렇게 만물을 낳고 기르면서도

자기 소유물로 여기지 않으며,

일을 이루고서도 자랑하지 않으며,

자라나게 하면서도 지배하지 않는다.

이를 일컬어 깊은 덕德이라 한다.

道生之, 德畜之, 物形之, 勢成之.
도생지 덕휵지 물형지 세성지

是以萬物莫不尊道而貴德.
시이만물막부존도이귀덕

道之尊, 德之貴.
도지존 덕지귀

夫莫之命, 而常自然.
부막지명 이상자연

故道生之, 德畜之, 長之, 育之, 亭之, 毒之, 養之, 覆之.
고도생지 덕휵지 장지 육지 정지 독지 양지 부지

生而不有, 爲而不恃, 長而不宰.
생이불유 위이불시 장이부재

是謂玄德.
시위현덕

I   道生之 도(道)가 만물을 낳고. 여기서 之는 '만물'을 가리키는 대명
    사이다. 德畜之 덕이 만물을 기른다. 物形之 물질은 그것의 모양
    을 주며. 勢成之 힘은 그것을 성장시킨다.

2   是以萬物 그러므로 만물은. 莫不尊道而貴德 도(道)를 높이고 덕
    (德)을 귀하게 여기지 않는 것이 없다.

3   道之尊 도(道)는 높다. 德之貴 덕(德)은 귀하다.

4   夫莫之命 무릇 명령을 내리지 않아도. 백서본에는 夫莫之爵也(부
    막지작야, 무릇 작위를 주지 않아도)로 되어 있다. 而常自然 늘 스스
    로 그러하다.

5 　故道生之 그러므로 도(道)는 만물을 낳고. 德畜之 덕(德)은 만물을 기른다. 長之育之 기르고 자라게 하고. 亭之毒之 안정시키고 돈독하게 하며. 養之覆之 길러 주고 감싸 준다. 覆는 '(상처를) 감싸 준다, 덮다'는 뜻의 '부'로 읽는다.

6 　生而不有 낳고도 소유하지 않고. 爲而不恃 하고도 자랑하지 않으며. 長而不宰 키우고도 지배하지 않는다.

7 　是謂玄德 이를 일러 깊고 어두운(신비한) 덕(德)이라 한다.

온 세상 만물은 하나의 근원에서 나왔고,

이 하나의 근원을 만물의 어머니라고 한다.

만약 어머니를 안다면

그의 자식도 알 수 있으리라.

자식인 세상 만물을 안 다음,

다시 어머니 품으로 돌아가

어머니인 도道를 잘 지키는 사람은

평생 생명력이 고갈되지 않는다.

감각적 쾌락을 멀리하고

외부로 향하는 반응을 자제하면

몸 안에 생명의 기운이 충만하리라.

그러나 감각적 쾌락을 좇아

외적인 자극에 무절제하게 반응하면

생명력이 고갈되어 어떻게 치료할 방도가 없다.

그래서 옛사람들은 이렇게 말했다.

"작고 미묘한 도道를 감지하는 것이 환함이고,

부드러움을 지키는 것이 강함이다."

지혜의 빛으로 세상을 파악하라.

그런 다음에는 안으로 눈을 돌려

환한 도道의 자리로 돌아오라.

그러면 생명력이 고갈되는 일이 없을 것이다.

이를 일러,

늘 그러한 '도道를 지키고 따르는 것'이라 한다.

一

天下有始, 以爲天下母.
천하유시 이위천하모

旣得其母, 以知其子.
기득기모 이지기자

旣知其子, 復守其母, 沒身不殆.
기지기자 복수기모 몰신불태

塞其兌, 閉其門, 終身不勤; 開其兌, 濟其事, 終身不救.
색기태 폐기문 종신불근 개기태 제기사 종신불구

見小曰明, 守柔曰强.
견소왈명 수유왈강

用其光, 復歸其明, 無遺身殃.
용기광 복귀기명 무유신앙

是謂習常.
시위습상

1   天下有始 온 세상은 시작이 있었다. 以爲天下母 그 시작이 온 세
     상의 어머니이다.

2   旣得其母 그 어머니를 알면. 以知其子 그 아들도 알 수 있다.

3   旣知其子 그 아들을 알면. 復守其母 다시 그 어머니를 지켜야 한
     다. 沒身不殆 (그러면) 몸이 없어질 때까지 위태롭지 않다.

4   塞其兌 그 구멍을 막아라. 閉其門 그 문을 닫아라. 終身不勤 (그
     러면) 몸이 다할 때까지 힘들지 않다. 開其兌 그 문을 열고. 濟其事
     일로 바삐 돌아다니면. 終身不救 몸이 다할 때까지 구원이 없다.

5   見小曰明 작은 것을 보는 것을 일러 '밝음'이라 한다. 守柔曰强 부

드러운 것을 지키는 것을 일러 '강한 것'이라 한다.

6   用其光 그 빛을 사용하다. 復歸(其)明 그 밝음으로 돌아오다. 無
     遺身殃 몸에 재앙이 남지 않는다.

7   是謂習常 이것이 곧 늘 그러한 (도(道)를) 익히는 것, 잇는 것, 또는
     몸에 배게 하는 것이다.

나에게 만약 약간이라도 지혜가 있어
세상에 그것을 펴라고 한다면
근원적인 도道에 따라 세상을 이끌 것이다.
나의 유일한 두려움은
행여 도道에서 이탈될까 함이다.

큰길은 매우 평탄하여 가기가 쉬운데
사람들은 오히려 샛길을 좋아한다.
정치가들의 집은 대궐처럼 으리으리한데
백성들의 밭에는 잡초만 무성하고
창고는 텅 비어 있다.
고위 관리들은 화려한 옷을 입고,
권력을 앞세워 거들먹거린다.
기름진 음식도 배가 불러 마다하고,
재산은 진탕만탕 쓰고도 남을 지경이다.
이놈들이 바로 도둑놈들이다.
이놈들이 하는 짓은
결코 도道가 아니다!

使我介然有知, 行於大道, 唯施是畏.
사아개연유지 행어대도 유시시외

大道甚夷, 而民好徑.
대도심이 이민호경

朝甚除, 田甚蕪, 倉甚虛.
조심제 전심무 창심허

服文綵, 帶利劍, 厭飮食, 財貨有餘; 是謂盜夸.
복문채 대리검 염음식 재화유여 시위도과

非道也哉!
비도야재

1 使我 만약 나에게. 介然 약간. 有知 지혜가 있다. 行於大道 큰 도(道)를 행하다. 唯施是畏 오로지 삐뚤어짐을 두려워한다.

2 大道甚夷 큰 도(道)는 매우 평탄한데. 而民好徑 사람들은 샛길을 좋아한다.

3 朝甚除 궁궐은 지나치게 단장되어 있다. 田甚蕪 밭은 심하게 황폐하다. 倉甚虛 창고는 텅 비어 있다.

4 服文綵 수놓은 비단옷을 입고. 帶利劍 날카로운 칼을 차고. 厭飮食 음식을 질리도록 먹으며. 財貨有餘 재물과 돈이 남아돈다. 是謂盜夸 이들이 큰 도둑이다.

5 非道也哉 (이것은 결코) 도(道)가 아니다!

잘 심은 것은 뽑히지 않고
꼭 껴안은 것은 빠져나오지 않는다.
이처럼 영원한 진리인 도道를
내면에 품고 흔들리지 않는 사람은
자손 대대로 존경을 받는다.

도道를 닦아 몸에 익히면
참된 덕德이 있는 사람이 될 것이다.
한 가정이 도道를 따르면
화목한 향기가 밖으로 퍼져나갈 것이다.
한 동네가 도道를 따르면
후한 인심이 흘러넘치게 될 것이다.
한 나라가 도道를 따르면
백성들이 평화와 풍요를 누릴 것이다.
세상이 도道를 따르면
그 은택이 만방에 두루 퍼질 것이다.

나는 이렇게 살면 이렇게 됨을 봄으로써
다른 사람도 이렇게 살면 이렇게 되리라는 것을 안다.

내 가정이 이렇게 살면 이렇게 됨을 봄으로써

다른 가정도 이렇게 살면 이렇게 되리라는 것을 안다.

내 동네가 이렇게 살면 이렇게 됨을 봄으로써

다른 동네도 이렇게 살면 이렇게 되리라는 것을 안다.

내 나라가 이렇게 살면 이렇게 됨을 봄으로써

다른 나라도 이렇게 살면 이렇게 되리라는 것을 안다.

내가 살고 있는 지금 이 시대 사람들이

이렇게 살면 이렇게 됨을 봄으로써

다음 세대도 이렇게 살면 이렇게 되리라는 것을 안다.

나를 봄으로써 남을 보는 이 방법이 아니라면

내 어찌 감히 온 세상일을 안다고 하겠는가?

善建者不拔, 善抱者不脫.
선건자불발   선포자불탈

子孫以祭祀不輟.
자손이제사불철

修之於身, 其德乃眞; 修之於家, 其德乃餘; 修之於鄕, 其德乃長;
수지어신 기덕내진 수지어가 기덕내여 수지어향 기덕내장

修之於國, 其德乃豐; 修之於天下, 其德乃普.
수지어국 기덕내풍 수지어천하 기덕내보

故以身觀身, 以家觀家, 以鄕觀鄕, 以國觀國, 以天下觀天下.
고이신관신 이가관가 이향관향 이국관국 이천하관천하

吾何以知天下然哉?
오하이지천하연재

以此!
이차

1   善建者不拔 잘 세운 것은 뽑히지 않고. 善抱者不脫 잘 품은 것은
     빠지지 않는다.

2   子孫以祭祀不輟 자손이 제사 지내는 것이 끊이지 않는다. 백서본
     을본에는 '輟'이 '絶(절)'로 되어 있다. 뜻은 같다.

3   修之於身 그것을 내 몸에 닦으면. 其德乃眞 그 덕(德)이 참될 것
     이다. 修之於家 그것을 가정에 닦으면. 其德乃餘 그 덕(德)이 남
     을 것이다. 修之於鄕 그것을 마을에 닦으면. 其德乃長 그 덕(德)
     이 오래 갈 것이다. 修之於國 그것을 나라에 닦으면. 其德乃豐 그
     덕(德)이 풍성해질 것이다. 修之於天下 그것을 세상에 닦으면. 其
     德乃普 그 덕(德)이 넓어질 것이다.

4   故以身觀身 그러므로 (내) 몸을 봄으로써 (다른 사람의) 몸을 본다. 以家觀家 (내) 가정을 봄으로써 (다른 사람의) 가정을 본다. 以鄉觀鄉 (내) 마을을 봄으로써 (다른) 마을을 본다. 以國觀國 (내) 나라를 봄으로써 (다른) 나라를 본다. 以天下觀天下 (내가 살고 있는) 세상을 봄으로써 (후세대 사람들이 살) 세상을 본다.

5   吾何以知 ⋯ 哉 내 어찌 알겠는가? 天下然 세상이 그러함을.

6   以此 이로써 안다!

도道의 힘인 덕德이 두터운 사람은

갓난아이와 같다.

갓난아이는 벌이나 독사도 쏘지 않고,

맹수도 덤비지 않으며,

매나 독수리도 덮치지 않는다.

뼈가 연하고 근육은 부드럽지만

움켜쥐는 힘은 강하다.

남녀의 교합은 모르지만

고추는 빳빳하게 선다.

정기가 넘쳐흐르기 때문이다.

하루 종일 울어도 목이 쉬지 않는다.

육체의 모든 기관들이

완벽한 조화를 이루고 있기 때문이다.

조화로운 것을 온전하다고 하고,

온전함을 이룬 것을 환함이라고 한다.

정력을 키운답시고

인위적으로 무엇을 더 보태려는 노력은

위험만 불러온다.

마음의 욕망에 따라 기운을 쓰면

생명력이 고갈된다.

억지로 빨리 키운 것은

빨리 시든다.

억지로 무엇을 보태거나 더하는 것은

자연의 섭리에 어긋나는 짓이다.

자연의 섭리를 거스르는 것은

오래가지 못한다.

含德之厚(者), 比於赤子.

함덕지후(자) 비어적자

蜂蠆虺蛇不螫, 猛獸不據, 攫鳥不搏.

봉채훼사불석 맹수불거 확조불박

骨弱筋柔而握固, 未知牝牡之合而全作[朘怒], 精之至也.

골약근유이악고 미지빈모지합이전작[최노] 정지지야

終日號而不嗄, 和之至也.

종일호이불사 화지지야

知和曰常, 知常曰明.

지화왈상 지상왈명

益生曰祥, 心使氣曰強.

익생왈상 심사기왈강

物壯則老, 謂之不道.

물장즉노 위지부도

不道早已.

부도조이

I 含德之厚(者) 덕(德)을 두텁게 머금고 있는 사람은. 比於赤子 갓난아이에 비유된다.

2 蜂蠆虺蛇 벌이나 독사. 不螫 쏘지 않는다. 猛獸不據 맹수가 할퀴지 않는다. 攫鳥不搏 사나운 새가 채지 않는다.

3 骨弱筋柔 뼈는 약하고 근육은 부드러우나. 握固 쥐는 힘은 견고하다. 未知牝牡之合 암수의 결합을 알지 못하나. 全作[朘怒] (아이의) 자지가 벌떡 일어난다. 또는 자지가 한껏 성낸다. 精之至也 정

기가 지극하기 때문이다.

4 終日號 종일 울어도. 不嗄 목이 쉬지 않는다. 和之至也 조화가 지극하기 때문이다.

5 知和曰常 조화를 아는 것을 일러 '늘 그러함'이라 한다. 知常曰明 늘 그러함을 아는 것을 일러 '밝음'이라 한다.

6 益生曰祥 (늘 그러한) 삶에 덧붙이는 것을 일러 '요상함'이라 한다. 心使氣曰强 마음이 기를 부리는 것을 '억지'라고 한다.

7 物莊則老 만물은 (억지로) 키우면 (빨리) 늙는다. 謂之不道 이를 일컬어 '도(道)가 아닌 것'이라 한다.

8 不道早已 도(道)가 아닌 것은 일찍 사라진다.

도道를 아는 사람은 말하지 않고,
'도道는 이렇다 저렇다' 말하는 사람은 알지 못하는 것이다.

감각적 쾌락을 멀리하고
외부로 향하는 반응을 자제하라.
날카로움을 무디게 하고,
엉킨 것을 풀어 주라.
자신의 환한 빛을 부드럽게 하여
모든 것과 어우러져라.
이것이 도道를 체득한 사람의
그윽하고 신비한 삶이다.

도道를 체득한 사람은
다른 사람이 특별히 가까이할 수도 없고
특별히 멀리할 수도 없다.
그에게 도움을 주지도 못하고
그를 해롭게 할 수도 없다.
귀하게 받들 수도 없고
천하게 깎아내릴 수도 없다.

도道를 체득한 이런 사람이야말로
세상에서 가장 존귀한 존재이다.

知者不言, 言者不知.
지자불언 언자부지

塞其兌, 閉其門.
색기태 폐기문

挫其銳, 解其紛.
좌기예 해기분

和其光, 同其塵.
화기광 동기진

是謂玄同.
시위현동

故不可得而親, 不可得而疏; 不可得而利, 不可得而害; 不可得而貴,
고불가득이친 불가득이소 불가득이리 불가득이해 불가득이귀

不可得而賤.
불가득이천

故爲天下貴.
고위천하귀

I   知者不言 아는 자는 말하지 않는다. 죽간본에는 '知之者弗言, 言
    之者弗言(지지자불언 언지자불언, 그것을 아는 자는 말이 없고, 그것을
    말하는 자는 모르는 것)으로 되어 있다. 이 번역에서는 죽간본 본문
    을 따라 '之(그것)'를 '道'를 가리키는 대명사로 보고 옮겼다. 言者
    不知 말하는 자는 알지 못한다.

2   塞其兌 그 구멍을 막고. 閉其門 그 문을 닫아라.

3   挫其銳 날카로움을 꺾고. 解其紛 엉킨 것을 풀어라.

4   和其光 그 빛을 조화롭게 하고. 同其塵 그 티끌과 어우러져라.

5   是謂玄同 이를 일러 신비로운 하나 됨이라 한다.

6   故不可得而親 그러므로 이는 친할 수 없고. 不可得而疏 멀리할 수도 없다. 不可得而利 이로울 수도 없고. 不可得而害 해로울 수도 없다. 不可得而貴 귀할 수도 없고. 不可得而賤 천할 수도 없다.

7   故爲天下貴 그러므로 세상에서 귀하게 된다.

나라는 도道에 따라 다스리고,

전쟁을 하더라도 생명을 귀히 여겨야 한다.

세상을 올바로 이끌기 위해서는

인위적인 간섭을 하지 말아야 한다.

왜 그런가?

간섭하며 금지하는 것이 많으면 많을수록

살기가 어려워지기 때문이다.

편리하게 한답시고 이것저것 만들어 내면

그럴수록 세상은 더욱 혼란스러워진다.

교묘한 지혜를 짜내면 짜낼수록

별별 해괴한 일이 다 벌어진다.

법령이 많으면 많을수록

도적과 범죄는 더 늘어난다.

그래서 도道를 깨우친 옛 임금은 이렇게 말했다.

"내가 끼어들지 않으면

백성들의 싸움이 저절로 그친다.

내가 맑고 고요히 살면

백성들은 스스로 나쁜 습관을 고친다.

내가 억지로 무슨 일을 벌이지 않으면

백성들의 삶은 저절로 풍요로워진다.

내가 욕심이나 야망을 품지 않으면

백성들은 저절로 통나무같이 순박해진다."

以正治國, 以奇用兵, 以無事取天下.
이정치국 이기용병 이무사취천하

吾何以知其然哉?
오하이지기연재

以此: 天下多忌諱, 而民彌貧; 民多利器, 國家滋昏; 人多技巧,
이차 천하다기휘 이민미빈 민다리기 국가자혼 인다기교

奇物滋起; 法令滋彰, 盜賊多有.
기물자기 법령자창 도적다유

故聖人云: 我無爲而民自化, 我好靜而民自正, 我無事而民自富,
고성인운 아무위이민자화 아호정이민자정 아무사이민자부

我無欲而民自樸.
아무욕이민자박

1 以正治國 바름으로 나라를 다스리고. 以奇用兵 계책으로 군사 작
   전을 편다. 以無事取天下 일없음으로 세상을 취한다.

2 吾何以知 … 哉 내 어찌 아는가? 其然 그것이 그러함을.

3 以此 이로써 안다. 天下多忌諱 세상에 금지하는 것이 많으면. 而
   民彌貧 백성들은 더욱 가난해진다. 民多利器 백성들이 편리한 물
   건을 많이 가지면. 國家滋昏 나라가 더욱 혼란해진다. 人多技巧
   사람들이 기교가 많으면. 奇物滋起 괴상한 것들이 점점 더 생겨난
   다. 法令滋彰 법령이 점점 더 많아지면. 盜賊多有 도적이 는다.

4 故聖人云 그러므로 성스러운 사람은 이렇게 말했다. 我無爲而民
   自化 내가 함이 없으니 백성들이 스스로 조화를 이룬다. 我好靜而
   民自正 내가 고요함을 좋아하니 백성들이 스스로 바르게 된다. 我
   無事而民自富 내가 아무 일도 하지 않으니 백성들이 저절로 부유

하게 된다. 我無欲而民自樸 내가 욕심이 없으니 백성들이 스스로
소박해진다.

정부가 간섭하지 않으면 않을수록

백성들은 점점 더 순박해진다.

정부가 까다롭게 간섭하면 할수록

백성들의 불만은 늘어나고 점점 더 까다로워진다.

인위적으로 무엇인가를 꾸며내는 일은

잘해 보려고 그렇게 하는 것이겠지만

결국은 화만 불러오기도 하고

화인 것 같아도 복으로 바뀌는 일도 있다.

인위적인 꾸밈은 끝이 어떨지를 알 수가 없다.

세상에는

이것이 절대로 옳다고 말할 수 있는 게 없다.

상황이 바뀌면

옳았던 것이 틀린 것이 되고,

좋았던 것이 나쁜 것으로 변한다.

사람들은 일이 이렇게 뒤바뀌는 것을 알지 못해,

갈피를 잡지 못하고 오랫동안 혼란을 겪었다.

그러므로 도道를 체득한 사람은

자신은 흠이 없지만

그렇다고 남을 판단하지 아니하며,

예리한 통찰력을 가지고 있으면서도

남을 비판하지 아니하고,

자신은 곧게 뻗어나가면서도

다른 사람의 굽은 것을 펴려고 하지 아니하며,

환함을 간직하고 있으면서도

다른 사람을 눈부셔 찡그리게 하지 않는다.

其政悶悶, 其民淳淳; 其政察察, 其民缺缺.

기정민민　기민순순　기정찰찰　기민결결

禍兮! 福之所倚; 福兮! 禍之所伏.

화혜　복지소의　복혜　화지소복

孰知其極?

숙지기극

其無正; 正復爲奇, 善復爲妖.

기무정　정부위기　선부위요

人之迷, 其日固久.

인지미　기일고구

是以聖人方而不割, 廉而不劌, 直而不肆, 光而不耀.

시이성인방이불할　염이불귀　직이불사　광이불요

I　其政悶悶 그 정치가 어두우면 어두울수록. 其民淳淳 그 백성은 순박해진다. 其政察察 그 정치가 까다로우면 까다로울수록. 其民缺缺 그 백성은 불만을 가지고 까다로워진다.

2　禍兮 화여! 福之所倚 복이 너에게 기대어 있구나. 福兮 복이여! 禍之所伏 화가 너에게 숨어 있구나.

3　孰知其極 누가 그 끝을 알겠는가?

4　其無正 (절대로) 옳은 것은 없다. 正復爲奇 바른 것은 다시 기울어지고. 善復爲妖 선한 것은 다시 요사스러워진다. '復'은 '복'으로 읽어도 뜻이 통하지만 '(다시) 돌아올 부'로 읽는 것이 더 어울린다.

5　人之迷 사람의 어리석음. 其日固久 그날이 오래되었다.

6　是以聖人 그러므로 성스러운 사람은. 方而不割 바르지만 가르지 않는다. 廉而不劌 (날카롭게) 모가 나지만 쪼개지 않는다. 直而不

肆 곧지만 방자하지 않다. 光而不耀 빛나지만 눈부시지 않다.

백성을 다스리는 일에서나

하늘을 섬기는 일에서나,

필요 없는 언행을 삼가며

아끼는 것처럼 좋은 것은 없다.

아낀다는 것은

단순한 삶으로 돌아간다는 뜻이다.

단순한 삶으로 돌아간다는 것은

내면에 온전한 힘인 덕德을 쌓는다는 뜻이다.

내면에 온전한 힘인 덕德이 쌓이면

어떤 어려움도 이겨 낼 수 있다.

이겨 내지 못할 어려움이 없다면

인간적인 모든 한계를 극복할 수 있다.

인간적인 한계를 극복할 수 있는 사람은

나라를 다스릴 수 있다.

그런 사람이 나라를 다스리면

나라를 오래 지켜나갈 수 있다.

이것이 한 나라의 뿌리가 깊이 내리고

든든히 서는 길이며,

그 성취가 영원히 계속되는 길이다.

治人事天, 莫若嗇.
치인사천 막약색

夫唯嗇, 是謂早服.
부유색 시위조복

早服謂之重積德.
조복위지중적덕

重積德, 則無不克; 無不克, 則莫知其極.
중적덕 즉무불극 무불극 즉막지기극

莫知其極, 可以有國; 有國之母, 可以長久.
막지기극 가이유국 유국지모 가이장구

是謂深根固低, 長生久視之道.
시위심근고저 장생구시지도

I 治人事天 사람을 다스리고 하늘을 섬기다. 莫若嗇 (농부처럼) 아껴서 쓰는 것이 제일 좋다.

2 夫唯嗇 무릇 오로지 아낌을. 是謂早服 이를 일러 '일찍 순종함'이라 한다.

3 早服謂之重積德 '일찍 순종함'을 일러 '덕(德)을 거듭 쌓는다'고 한다.

4 重積德 덕(德)을 거듭 쌓으면. 則無不克 극복하지 못할 것이 없다. 無不克 극복하지 못할 것이 없으면. 則莫知其極 그 끝을 알지 못한다.

5 莫知其極 그 끝을 알지 못하면. 可以有國 나라를 다스릴 수 있다. 有國之母 나라의 어미를 차지하면. 可以長久 (그 나라가) 오래갈 수 있다.

6 是謂深根固低 이를 일러 뿌리가 깊고 바닥이 단단하다고 한다. 長生久視之道 오래 살고 오래 보는 길이라고 한다.

뒤적거리지 말고 그냥 내버려 두어라

큰 나라를 다스릴 때는

작은 생선 조리듯이 하라.

뒤적거리지 말고 그냥 내버려두어라.

건드리면 건드릴수록 부서져 못쓰게 된다.

세상을 도道로 다스리면

귀신들도 조화를 부리지 못한다.

귀신들이 조화를 부리지 못한다 함은,

귀신들이 힘을 잃는다는 뜻이 아니라

귀신들조차 순화되어

사람을 해치지 않는다는 뜻이다.

세상이 도道를 따르면

귀신들만 사람을 해치지 않는 것이 아니라

임금을 비롯한 모든 관리도

순화되어 사람을 해치지 않는다.

백성들도 귀신과 싸우거나

임금에게 대항하지 않는다.

세상이 도道를 따르면

이렇게 서로가 서로에게 덕德을 베푼다.

治大國, 若烹小鮮.
치대국 약팽소선

以道莅天下, 其鬼不神; 非其鬼不神, 其神不傷人; 非其神不傷人,
이도리천하 기귀불신 비기귀불신 기신불상인 비기신불상인

聖人亦不傷人.
성인역불상인

夫兩不相傷, 故德交歸焉.
부량불상상 고덕교귀언

1   治大國 큰 나라 다스리기를. 若烹小鮮 마치 작은 생선 삶듯 하라.

2   以道莅天下 도(道)를 가지고 세상에 임하면. 其鬼不神 귀신들도
영력을 부리지 못한다. 非其鬼不神 오직 귀신들이 영력을 부리지
않는 것이 아니라. 여기서 非는 '오직'이라는 뜻이다. 其神不傷人
(귀신들의) 영력이 사람을 해치지 않는다(는 뜻이다). 非其神不傷人
비단 귀신들의 영력이 사람을 해치지 않는 것뿐만 아니라. 聖人亦
不傷人 성스러운 사람 역시 사람을 해치지 않는다.

3   夫兩不相傷 무릇 둘 다 서로 해치지 않는다. 故德交歸焉 그러므
로 덕(德)이 서로에게 돌아간다.

큰 나라는 강 하류와 같아야 한다.

모든 시냇물이 흘러드는 어머니 같아야 한다.

어머니는 늘 고요하게 자기를 낮추며,

아들과 아버지를 끌어안는다.

큰 나라가 어머니처럼 자기를 낮추면

작은 나라와 좋은 관계를 맺을 수 있다.

작은 나라 역시 자기를 낮추면

큰 나라와 좋은 관계를 맺을 수 있다.

큰 나라는 자기를 낮춤으로

작은 나라의 신뢰를 받을 수 있고,

작은 나라는 자기를 낮춤으로

큰 나라의 도움을 받을 수 있다.

그러면 큰 나라는 어떻게 해서든지

작은 나라를 도우려 할 것이고,

작은 나라는 무슨 일이 일어나도

큰 나라를 믿고 따를 것이다.

이렇게 하여 양쪽이 모두 바라는 것을 얻을진대,

마땅히 큰 나라가 먼저 자기를 낮추어야 하지 않겠는가.

大國者下流; 天下之交, 天下之牝.
대국자하류   천하지교   천하지빈

牝常以靜勝牡, 以靜爲下.
빈상이정승모   이정위하

故大國以下小國, 則取小國; 小國以下大國, 則取大國.
고대국이하소국   즉취소국   소국이하대국   즉취대국

故或下以取, 或下而取.
고혹하이취   혹하이취

大國不過欲兼畜人, 小國不過欲入事人.
대국불과욕겸휵인   소국불과욕입사인

夫兩者各得其所欲, 大者宜爲下.
부량자각득기소욕   대자의위하

1   大國者下流 큰 나라는 아랫물이다. 天下之交 온 세상이 모이는 곳이다. 天下之牝 온 세상 (수컷들이 모여드는) 암컷이다.

2   牝常以靜勝牡 암컷은 늘 고요함으로 수컷을 이기고. 以靜爲下 고요함으로 자기를 낮춘다.

3   故大國以下小國 그러므로 큰 나라가 작은 나라에게 자신을 낮추면. 則取小國 작은 나라를 다스릴 수 있다. 小國以下大國 작은 나라가 큰 나라에게 자신을 낮추면. 則取大國 큰 나라에 의지할 수 있다.

4   故或下以取 그러므로 하나는 자기를 낮춤으로 다스릴 수 있고. 或下而取 다른 하나는 자기를 낮춤으로 의지할 수 있다.

5   大國不過欲兼畜人 큰 나라는 (작은 나라) 사람들을 아울러 돌보길 원할 뿐이고. 小國不過欲入事人 작은 나라는 (큰 나라에) 들어가

섬기기를 바랄 뿐이니.

6   夫兩者各得其所欲 무릇 양쪽이 각자 자기가 바라는 바를 얻는 것
이다. 大者宜爲下 (그러니) 큰 나라가 마땅히 (먼저) 자기를 낮추어
야 한다.

만물의 가장 깊고 그윽한 곳에 도道가 있다.

도道는 따르는 사람에게는 보물과 같고,

따르지 않는 사람일지라도 지니고 있다.

도道를 따르는 사람의 말은 귀히 여김을 받고,

행동은 다른 이의 모범이 될 것이다.

하지만 그렇지 못한 사람 역시

도道에서 나왔은즉,

어찌 내칠 수 있겠는가?

그러므로 왕을 옹립하고

총리와 장관을 세울 때,

사두마차 행렬을 앞세우고

값비싼 보물을 예물로 바치는 것보다

조용히 도道의 길을 보여 주는 것이 낫다.

옛사람들이 도道를 왜 귀히 여겼겠는가?

도道를 구하면 얻게 되고

그러면 모든 얽매임에서 풀려나기 때문이지 않은가?

그러니 도道야말로 세상에서 가장 귀한 보물인 것이다.

道者, 萬物之奧, 善人之寶, 不善人之所保.
도자 만물지오 선인지보 불선인지소보

美言可以市, 尊行可以加人.
미언가이시 존행가이가인

人之不善, 何棄之有!
인지불선 하기지유

故立天子, 置三公, 雖有拱璧以先駟馬, 不如坐進此道.
고립천자 치삼공 수유공벽이선사마 불여좌진차도

古之所以貴此道者何?
고지소이귀차도자하

不曰以求得, 有罪以免邪?
불왈이구득 유죄이면야

故爲天下貴.
고위천하귀

1   道者 도(道)라는 것은. 萬物之奧 만물의 깊은 속알이다. 善人之寶
     선한 사람의 보물이다. 不善人之所保 선하지 않은 사람도 간직하
     고 있다.

2   美言可以市 아름다운 말은 저잣거리에서 회자된다. 尊行可以加
     人 존귀한 행동은 남들이 우러러보는 모범이 된다.

3   人之不善 (하지만) 선하지 못한 사람도. 何棄之有 (도道를) 가지고
     있는데 어찌 버릴 수 있겠는가.

4   故立天子 그러므로 천자를 옹립하고. 置三公 삼공을 세우는데. 雖
     有拱璧以先駟馬 비록 사두마차 행렬을 거느리고 큰 구슬을 바치

는 것이. 拱璧은 두 손으로 받쳐들 만큼 큰 구슬을 일컫는다. 不如
坐進此道 앉아서 이 도(道)를 바치는 것만 못하다.

5 古之所以貴此道者何 예로부터 이 도(道)라는 것을 귀히 여긴 까
닭은 무엇인가?

6 不曰 … 邪 …라고 하지 않던가? 以求得 구하면 얻고. 有罪以免
죄가 있어도 사함을 받는다.

7 故爲天下貴 그러므로 세상에서 귀하게 여긴다.

무슨 일이든 욕심을 부려 억지로 하지 말고,

번잡하게 일을 벌이지 말며,

뭐 화끈한 것이 없을까 찾지 마라.

그저 담담한 것을 사는 맛으로 삼아라.

큰일을 당해도 서두르지 말고,

일이 복잡하더라도 허둥대지 마라.

원한이 있다면 오히려 덕德으로 갚아라.

일은 어렵게 되기 전에 처리하고,

크게 벌어지기 전에 마무리하라.

어떤 어려운 일도

시작 단계에서는 처리하기가 쉽고,

큰일로 번질 수 있는 것도

시작 단계에서는 마무리하기가 쉽다.

도道를 체득한 사람은

아무리 큰일이라도 큰일로 여기기 않는다.

그래서 큰일도 쉽게 해낸다.

작은 일이라고 해서 별것 아니라고 깔보면,

반드시 큰일을 당한다.

간단한 일이라고 해서 안이한 태도로 임하면,

반드시 어려움을 겪는다.

도道를 체득한 사람은

어려운 일이든 쉬운 일이든 다 같이 신중하게 대한다.

그래서 어려움을 당하지 않는다.

爲無爲, 事無事, 味無味.
위무위 사무사 미무미

大小多少, 報怨以德.
대소다소 보원이덕

圖難於其易, 爲大於其細.
도난어기이 위대어기세

天下難事, 必作於易; 天下大事, 必作於細.
천하난사 필작어이 천하대사 필작어세

是以聖人終不爲大, 故能成其大.
시이성인종불위대 고능성기대

夫輕諾必寡信, 多易必多難.
부경낙필과신 다이필다난

是以聖人猶難之, 故終無難矣.
시이성인유난지 고종무난의

1   爲無爲 (하려고) 함이 없음으로 하고. 事無事 일이 없음을 일로 삼
     으며. 味無味 맛이 없음을 맛으로 여겨라.

2   大小多少 작은 일은 크게 여기고 적은 것은 많은 것으로 여겨라.
     즉 어떤 일에나 똑같은 태도로 담담하게 임하라. '큰 것은 작은 것
     에서 비롯되고, 많은 것은 적은 것에서 비롯된다'고 해석할 수도 있
     다. 報怨以德 원한을 덕(德)으로 갚아라.

3   圖難於其易 어려운 일은 쉬울 때 도모하고. 爲大於其細 큰일은
     미세할 때 처리하라.

4   天下難事 세상의 어려운 일은. 必作於易 반드시 쉬운 데서 시작

한다. 天下大事 세상의 큰일은. 必作於細 반드시 미세한 데서 시작한다.

5 是以聖人 그러므로 성스러운 사람은. 終不爲大 결코 큰일을 하는 법이 없다. 故能成其大 그러므로 능히 큰일을 이룬다.

6 夫輕諾必寡信 무릇 가볍게 승낙하는 것은 믿음이 적다. 多易必多難 너무 쉬운 것은 반드시 큰 어려움을 가져온다.

7 是以聖人 그러므로 성스러운 사람은. 猶難之 오히려 어렵게 생각한다. 故終無難矣 그래서 끝내 어려움을 당하지 않는다.

안정되어 있는 것은 유지하기가 쉽고,

겉으로 불거지지 않은 문제는 해결하기가 쉽다.

연약한 것은 부수기 쉽고,

미세한 것은 흩어 버리기가 쉽다.

그러므로 일이 커지기 전에 처리하고,

어려움이 닥치기 전에 해결하도록 하라.

아름드리나무도

털끝같이 작고 부드러운 싹에서 자라난 것이고,

구층 누각도

한 줌의 쌓은 흙에서 올라간 것이며,

천리 길도

발을 딛고 서 있는 자리부터 시작된다.

억지로 무엇을 하려는 사람은 실패하고,

집착하여 놓지 않으려는 사람은 잃을 것이다.

도道를 체득한 사람은

억지로 무엇을 하려고 하지 않기 때문에

어떤 일도 실패하지 않고,

아무것도 잡으려 하지 않기 때문에
아무것도 잃지 않는다.

세상 사람들이 하는 일을 보면
잘 나가다 마지막에 엉뚱한 곳으로 빠지는 일이 허다하다.
다 된 일을 망치지 않으려면
마지막까지 처음 시작할 때처럼 조심스러워야 한다.
그러므로 도道를 체득한 사람은
욕심과 야망이 없기만을 바라며,
세상 사람들이 움켜쥐려고 발버둥치는 재물을
거들떠보지 않는다.
그는 분별심이 사라진 상태의 순수함을 배우며,
세상 사람들이 무시하고 지나치는
자신의 본성으로 돌아간다.
그리하여 만물이 스스로의 길을 가도록 돕고,
앞으로 나서서 억지로 무엇을 하려고 하지 않는다.

其安易持, 其未兆易謀; 其脆易伴, 其微易散.

기안이지　기미조이모　기취이반　기미이산

爲之於未有, 治之於未亂.

위지어미유　치지어미란

合抱之木, 生於毫末; 九層之臺, 起於累土; 千里之行, 始於足下.

합포지목　생어호말　구층지대　기어루토　천리지행　시어족하

爲者敗之, 執者失之.

위자패지　집자실지

是以聖人無爲故無敗, 無執故無失.

시이성인무위고무패　무집고무실

民之從事, 常於幾成而敗之.

민지종사　상어기성이패지

愼終如始, 則無敗事.

신종여시　즉무패사

是以聖人欲不欲, 不貴難得之貨; 學不學, 復衆人之所過.

시이성인욕불욕　불귀난득지화　학불학　복중인지소과

以輔萬物之自然 而不敢爲.

이보만물지자연　이불감위

I 　其安易持 안정되어 있는 것은 지키기가 쉽다. 其未兆易謀 아직
　　징조가 나타나지 않은 것은 도모하기가 쉽다. 其脆易伴 취약한 것
　　은 부서지기 쉽다. 其微易散 미세한 것은 흩어지기가 쉽다.

2 　爲之於未有 그것이 미처 드러나기 전에 하고. 治之於未亂 그것이
　　미처 어지러워지기 전에 다스려라.

3 合抱之木 양팔로 껴안을 만큼 큰 나무. 生於毫末 털끝 같은 싹에서 나온다. 九層之臺 구층 누각. 起於累土 한줌의 쌓인 흙에서 일어난다. 千里之行 천리 걸음. 始於足下 발아래에서 시작한다.

4 爲者敗之 하려는 자는 패할 것이며. 執者失之 잡으려는 자는 잃을 것이다.

5 是以聖人 그러므로 성스러운 사람은. 無爲故無敗 함이 없기에 패함이 없다. 無執故無失 잡지 않기에 잃지도 않는다.

6 民之從事 사람들이 일을 하는 것을 보면. 常於幾成而敗之 늘 다 이룰 듯하다가 패한다.

7 愼終如始 끝마무리를 처음 시작처럼 신중하게 하라. 則無敗事 그러면 패하는 일이 없으리라.

8 是以聖人 그러므로 성스러운 사람은. 欲不欲 욕심 없기를 바라고. 不貴難得之貨 얻기 어려운 재물을 귀하게 여기지 않는다. 學不學 배우지 아니함을 배우고. 復衆人之所過 뭇사람이 지나치는 곳으로 돌아간다.

9 以輔萬物之自然 만물이 스스로 되어 가는 것을 돕는다. 而不敢爲 감히 무엇을 하려 하지 않는다.

사람들이 이것저것 따지지 않도록 한다면

예부터 도道에 따라 나라를 다스리던 사람들은

백성들로 하여금 지적인 분별력으로

이것저것 따지도록 만들지 않고

자연스러운 상태인 소박함에 거하도록 했다.

이해타산이 밝고 약삭빠르면

백성들도 그리되기 때문에 다스리기가 어렵다.

권모술수로 나라를 다스리면

백성들도 그에 대응하는 행동을 하기 때문에

나라가 혼란해지며,

단순 소박함으로 나라를 다스리면

백성들도 단순 소박해져서

나라가 안정되고 풍요로워진다.

이 두 가지 태도의 관계를 알고 있는 사람을

정치의 법도를 아는 사람이라 하고,

정치의 법도를 알고 올바로 다스리는 사람을

덕德이 깊은 지도자라고 한다.

도道를 따르는 결과로 나타나는 덕德은 깊고 오묘하여

그 힘을 머리로는 이해하기 어렵다.

하지만 덕德으로 나라를 다스리는 것이
세상눈으로 보면 어리석어 보이지만,
결국은 모든 혼란을 가라앉히고
본래 상태의 순수함으로 되돌린다.

古之善爲道者, 非以明民, 將以愚之.
고지선위도자 비이명민 장이우지

民之難治, 以其智多.
민지난치 이기지다

故以智治國, 國之賊; 不以智治國, 國之福.
고이지치국 국지적 불이지치국 국지복

知此兩者, 亦稽式.
지차량자 역계식

常知稽式, 是謂玄德.
상지계식 시위현덕

玄德, 深矣! 遠矣!
현덕 심의 원의

與物反矣!
여물반의

然後乃至大順.
연후내지대순

I 古之善爲道者 옛날에 도(道)를 잘 닦은 사람은. 非以明民 그것으로 백성들을 똑똑하게 만들지 않고. 將以愚之 오히려 그것으로 우매하게 하였다.

2 民之難治 백성을 다스리기 어려운 것은. 以其智多 그 지혜가 많기 때문이다.

3 故以智治國 그러므로 지혜로 나라를 다스리는 것은. 國之賊 나라를 망치는 일이다. 不以智治國 나라를 지혜로 다스리지 않는 것

은. 國之福 나라의 복이다.

4   知此兩者 이 두 가지를 아는 것은. 亦稽式 곧 본받을 규범이다. 백
    서본에는 '稽式'이 '본보기'라는 같은 뜻의 '楷式(해식)'으로 되어
    있다.

5   常知稽式 이 규범을 늘 알고 있는 것. 是謂玄德 이를 일러 신비로
    운 덕(德)이라 한다.

6   玄德 신비한 덕(德)이여! 深矣 깊도다! 遠矣 멀도다!

7   與物反矣 세상과 반대로구나!

8   然後乃至大順 그런 다음에 크게 따름에 이른다.

도道를 체득한 사람은 다투려 하지 않는다

강과 바다가 모든 시내의 왕이 될 수 있는 것은
낮은 데 위치하여 온갖 흐름을 다 받아들이기 때문이다.
이와 마찬가지로 지도자가 되려는 사람은
반드시 자기를 낮추는 법을 배워야만 한다.
앞에서 다른 사람을 이끌려는 사람은
반드시 자기를 뒤에 두는 법을 배워야만 한다.

이런 사람은 높은 자리에 올라도
아랫사람들이 부담스러워하지 않으며,
뭇사람의 머리가 되어도
뒤에 있는 사람들이 장애물로 여기지 않는다.
이런 사람의 말은
누구나 기쁜 마음으로 따르고
결코 싫어하거나 부담스러워하지 않는다.
도道를 체득하여 자신을 낮추는 사람은
아무하고도 다투려 하지 않는다.
그러므로 아무도 그에게 시비를 걸지 않는다.

江海所以能爲百谷王者, 以其善下之.
강해소이능위백곡왕자   이기선하지

故能爲百谷王.
고능위백곡왕

是以(聖人)欲上民, 必以言下之; 欲先民, 必以身後之.
시이(성인)욕상민   필이언하지   욕선민   필이신후지

是以聖人處上而民不重, 處前而民不害.
시이성인처상이민부중   처전이민불해

是以天下樂推而不厭.
시이천하락추이불염

以其不爭, 故天下莫能與之爭.
이기부쟁   고천하막능여지쟁

I   江海所以能爲 강과 바다가 능히 …이 될 수 있는 이유는. 百谷王
    者 온갖 시내의 왕. 以其善下之 자기를 잘 낮추기 때문이다.

2   故能爲百谷王 그러므로 능히 온갖 시내의 왕이 될 수 있다.

3   是以(聖人)欲上民 그러므로 백성들 위에 서려면. 必以言下之 반
    드시 말로써 (자기를) 낮추어야 한다. 바란다는 말 '欲(욕)'과 반드
    시 (해야 한다)는 '必(필)'이라는 말은 노자의 무위(無爲) 가르침과
    어울리지 않기 때문에 후대에 글자를 바꿔치기한 것으로 보는 사
    람들도 있다. 죽간본에는 '聖人之在民前也, 以身後之(성인지재민
    전야 이신후지, 성인이 백성 앞에 있는 것은 자신을 뒤에 두기 때문이다)'
    로 되어 있다. 欲先民 백성들 앞에 서려면. 必以身後之 반드시 (자
    기) 몸을 뒤에 두어야 한다.

4   是以聖人 그러므로 성스러운 사람은. 處上民不重 백성들 위에 처

해 있어도 무겁게 하지 않는다. 處前而民不害 백성들 앞에 처해도
해롭게 하지 않는다.

5   是以天下 그러므로 세상(사람들)이. 樂推而不厭 즐거운 마음으로
     추대하고 싫어하지 않는다.

6   以其不爭 그는 다투지 않으므로. 故天下莫能與之爭 고로 세상에
     그와 다툴 자가 없다.

세상 사람들은
내가 말하는 도道가 너무 이상적이어서
현실적인 삶에 적용하기에는 어렵다고 말하리라.
그렇다.
도道는 실제로 너무 크고 이상적이어서
세속적인 눈으로 보면 쓸모없는 것으로 보인다.
만약 세속적인 판단으로도
쓸모 있는 것으로 보였다면,
그 도道는 보잘것없는 것이었으리라.

나에게는 늘 간직하고 있는 세 가지 보물이 있다.
첫째는 부드러움,
둘째는 단순하고 소박함,
셋째는 앞에 나서려고 하지 않는 태도이다.

부드럽기 때문에 용감할 수 있고,
단순하고 소박하기 때문에
천하를 품을 만큼 도량이 넓을 수 있으며,
앞에 나서려고 하지 않기 때문에

능히 뭇사람의 지도자가 될 수 있다.

부드러움이 없이

강력하게 돌진만 한다든지,

삶이 단순하고 소박하지 않음에도 불구하고

천하를 손아귀에 넣으려고 한다면,

또는 자기를 뒤에 두는 태도는 없이

무조건 높은 자리에 올라가려고만 한다면,

반드시 파멸에 이르게 될 것이다.

요새를 튼튼히 지키고

전쟁에서 승리하는 비결은

부드러움을 간직하는 일이다.

부드러움을 간직한 사람 주위에는

그에 상응하는 부드러운 에너지가 감싸고돈다.

이 부드러운 에너지가

온갖 위험과 어려움에서 그를 보호할 것이다.

天下皆謂我道大, 似不肖.
천하개위아도대　사불초

夫唯大, 故似不肖.
부유대　고사불초

若肖, 久矣其細也夫!
약초　구의기세야부

我有三寶, 持而保之: 一曰慈, 二曰儉, 三曰不敢爲天下先.
아유삼보　지이보지　일왈자　이왈검　삼왈불감위천하선

慈故能勇, 儉故能廣, 不敢爲天下先, 故能成器長.
자고능용　검고능광　불감위천하선　고능성기장

今舍慈且勇, 舍儉且廣, 舍後且先, 死矣!
금사자차용　사검차광　사후차선　사의

夫慈, 以戰則勝, 以守則固.
부자　이전즉승　이수즉고

天將救之, 以慈衛之.
천장구지　이자위지

I　天下皆謂 온 세상 사람이 모두 ~라 한다. 我道大 나의 도(道)가 크다. 似不肖 어리석은 것 같다. 不肖는 훌륭한 아버지에 대해 아들이 자기는 아버지를 조금도 닮지 않은 부족한 사람이라는 뜻으로 스스로를 일컫는 말이다.

2　夫唯大 무릇 오로지 크다. 故似不肖 그러므로 어리석은 것 같다.

3　若肖 만약 어리석은 것이 아니라면. 久矣其細也大 이미 오래전에 작고 보잘것없는 것이 되었을 것이다.

4   我有三寶 나에게 세 가지 보물이 있다. 持而保之 이를 늘 지니고 지킨다. 一曰慈 첫째는 부드러움이다. 二曰儉 둘째는 검소함이다. 三曰不敢爲天下先 셋째는 감히 세상에 앞서지 않음이다.

5   慈故能勇 부드럽기 때문에 용감할 수 있다. 儉故能廣 검소하기 때문에 넓을 수 있다. 不敢爲天下先 감히 세상에 앞서지 않는다. 故能成器[事]長 그러므로 온갖 그릇(일)의 으뜸이 될 수 있다.

6   今舍慈且勇 가령 부드러움을 버리고 용감하려고만 하고. 今은 '가령' 또는 '만약', 且는 '취하다[取]'는 뜻이다. 舍儉且廣 검소함을 버리고 넓으려고만 한다. 舍後且先 뒤를 버리고 앞서려고만 한다. 死矣 죽음의 짓이다!

7   夫慈 무릇 부드러움으로. 以戰則勝 싸우면 이길 것이다. 以守則固 지키면 단단할 것이다.

8   天將救之 하늘이 장차 구원하고자 하면. 以慈衛之 부드러움으로 호위해 준다.

'싸우지 않는 것'의 힘

홀륭한 장수는 무력을 쓰지 않고,

잘 싸우는 사람은 감정에 치우쳐 공격하지 않고,

맞붙어 싸우지 않고 적을 이긴다.

홀륭한 지휘관은 자신을 낮출 줄 안다.

이것을 '싸우지 않는 것'의 힘이라 한다.

또는 '홀륭한 통솔력'이라고도 하고,

'하늘의 법을 따르는 것'이라고도 한다.

이것이 도道에 따르는 지극한 행동 원리이다.

善爲士者不武, 善戰者不怒, 善勝敵者不與, 善用人者爲之下.
선위사자불무 선전자불노 선승적자불여 선용인자위지하

是謂不爭之德, 是謂用人之力, 是謂配天.
시위부쟁지덕 시위용인지력 시위배천

古之極.
고지극

I   善爲士者不武 장수 노릇을 잘하는 사람은 무력을 쓰지 않는다. 士
    는 군대의 지휘자를 가리킨다. 善戰者不怒 잘 싸우는 사람은 화를
    내지 않는다. 善勝敵者不與 적을 잘 이기는 사람은 맞대응하지 않
    는다. 善用人者爲之下 사람을 잘 쓰는 사람은 자기를 낮춘다.

2   是謂不爭之德 이를 일러 싸우지 않음의 덕(德)이라 한다. 是謂用
    人之力 이를 일러 사람을 쓰는 힘이라 한다. 是謂配天 이를 일러
    하늘의 짝이 된다고 한다.

3   古之極 옛날부터 지극한 것이다.

병가의 속담에 이런 말이 있다.
"먼저 공세를 취하지 말고
상대의 공격에 마지못해 응하듯이 하라.
전진할 때는 아주 조심스럽게 조금씩 나아가고
물러날 때는 과감히 물러나라."

이것이 바로
전진하지 않으면서 전진하고,
팔을 휘두르지 않고 내동댕이치며,
무기 없이 적을 무찌르는 법이다.
전쟁에서 적을 깔보는 것보다 더 큰 잘못은 없다.
적을 깔보면 패할 위험이 있다.
그러므로 서로 싸울 때는
생명을 귀히 여기며,
마지못해 싸운다는 생각으로
뒤로 물러서 주의를 게을리하지 않는 쪽이 이긴다.

用兵有言: 吾不敢爲主而爲客, 不敢進寸而退尺.
용병유언 오불감위주이위객 불감진촌이퇴척

是謂行無行, 攘無臂, 執無兵, 扔無敵.
시위행무행 양무비 집무병 잉무적

禍莫大於輕敵, 輕敵幾喪吾寶.
화막대어경적 경적기상오보

故抗兵相加, 哀者勝矣.
고항병상가 애자승의

1 用兵有言 용병술에 (관해서 이런) 말이 있다. 吾不敢爲主而爲客 나는 주인이 되지 않고 손님이 된다. 不敢進寸而退尺 (전진할 때는) 한 치씩 나가는 것도 삼가고 (후퇴할 때는) 한 자씩 물러선다.

2 是謂行無行 이를 일러 감이 없이 간다고 한다. 攘無臂 팔을 휘두르지 않고 내동댕이친다. 執無兵 무기를 잡지 않는다. 扔無敵 적과 싸우지 않고 이긴다. 하상공본이나 왕필본에는 글의 순서가 '扔無敵, 執無兵.'으로 되어 있으나 글의 흐름이 더 자연스러운 백서본의 '執無兵, 扔無敵(무기를 잡지 않고, 적과 싸우지 않고 이긴다)'을 따랐다.

3 禍莫大於輕敵 적을 가볍게 여기는 것보다 더 큰 화는 없다. 輕敵 적을 가볍게 여기면. 幾喪吾寶 나의 보물을 잃을 위험이 있다.

4 故抗兵相加 그러므로 군대가 서로 접전할 때는. 哀者勝矣 슬퍼하는 자가 이긴다. '생명을 귀히 여기며'라는 번역은 "전쟁이 일어나면 무수한 죄 없는 사람이 죽는다. 그렇다면 머리를 조아리고 그들의 죽음을 애도하는 것이 당연하다. 그러므로 전쟁에서 승리해도 초상을 치르듯이 슬퍼하는 것이 마땅하다."(31장)를 참고했다.

내 말은 이해하기도 쉽고

그대로 따라 행하기도 쉽다.

그런데도 세상 사람들은 내 말을 이해하지도 못하고

그대로 따라 행하지도 않는다.

내 말은 유일한 근원인 도道에서 나오고

내 행동 또한 스스로 그러한 도道에서 비롯되는데,

사람들은 그런 줄을 몰라

내 말과 행동을 이해하지 못한다.

나를 아는 사람이 거의 없고,

나를 본받는 사람도 거의 없다.

도道를 체득한 현자는

누더기를 걸치고 있을지라도

내면에는 귀중한 보배를 간직하고 있다는 것을

모르기 때문이다.

吾言甚易知, 甚易行.
오언심이지　심이행

天下莫能知, 莫能行.
천하막능지　막능행

言有宗, 事有君.
언유종　사유군

夫唯無知, 是以不我知.
부유무지　시이불아지

知我者希, 則我者貴.
지아자희　즉아자귀

是以聖人被褐懷玉.
시이성인피갈회옥

1   吾言甚易知 내 말은 알기가 매우 쉽다. 甚以行 행하기가 매우 쉽다.
2   天下莫能知 세상 사람들이 능히 알지 못한다. 莫能行 능히 행하
    지 못한다.
3   言有宗 말에는 뿌리가 있다. 事有君 일에는 주재자가 있다. 갑본
    에는 言有君, 事有宗(말에는 주체성이 있고, 일에는 근원이 있다)로
    되어 있다.
4   夫唯無知 무릇 오로지 알지 못한다. 是以不我知 그래서 나를 알
    지 못한다.
5   知我者希 나를 아는 자는 거의 없다. 則我者貴 나를 본받는 자는
    귀하다.
6   是以聖人 그러므로 성스러운 사람은. 被褐懷玉 (겉에는) 거친 베
    옷을 입고 있으면서도 (속에는) 옥을 품고 있다.

모른다는 것을 아는 것이 최상의 앎이다

모른다는 것을 아는 것이 최상의 앎이다.

모른다는 것을 아는 것이

최상의 앎이라는 것을 모르는 것은 병이다.

병에 걸려 있다는 것을 알면

그 병에서 벗어날 수 있다.

도道를 체득한 성인聖人이 되면

모른다는 것을 아는 것이

최상의 앎이라는 것을 모르는 병에서 벗어난다.

그것이 병이라는 것을 알기 때문에

그 병에서 자유로운 것이다.

知不知, 上; 不知知, 病.
지부지 상 부지지 병

夫唯病病, 是以不病.
부유병병 시이불병

聖人不病.
성인불병

以其病病, 是以不病.
이기병병 시이불병

I   知不知, 上 알지 못한다는 것을 아는 것이 (최)상이다. 갑본에는 上 대신 尙(상)으로 되어 있다. 뜻은 둘 다 같다. 不知知, 病 앎을 (앞에서 말한 모른다는 것을 아는 것이 최상의 앎이라는 것을) 모르는 것은 병이다.

2   夫唯病病 무릇 오로지 병을 병으로 알면. 是以不病 그러므로 병이 아니다.

3   聖人不病 성스러운 사람에는 병이 없다.

4   以其病病 병을 병으로 깨닫고 있기 때문에. 是以不病 그러므로 병이 없다.

단순하고 소박한

자연적인 삶에 대한 감각을 잃고,

인위적인 문명만 추구하면

무서운 결과가 온다.

그러므로 소박한 상태에 만족하고

단순한 삶을 즐겁게 받아들이도록 하라.

소박한 상태에 만족하고

단순한 삶을 즐겁게 받아들이는 사람은

삶을 무겁거나 힘들게 느끼지 않을 것이다.

도道를 체득한 사람은

단순하고 소박한 삶을 귀하게 여기는 것이

올바른 앎이라는 것을 안다.

하지만 자신의 앎을 드러내어 자랑하지는 않는다.

그는 자신의 삶을 사랑한다.

하지만 자신을 귀한 존재로 여기지는 않는다.

그는 이렇게

옳은 것을 취하고

그른 것을 버린다.

民不畏威, 則大威至.
민불외위　즉대위지

無狎其所居, 無厭其所生.
무압기소거　무염기소생

夫唯不厭, 是以不厭.
부유불염　시이불염

是以聖人自知, 不自見; 自愛, 不自貴.
시이성인자지　부자현　자애　부자귀

故去彼取此.
고거피취차

I　民不畏威 백성들이 두려운 것을 두려워하지 않으면. 則大威至 결국 두려운 것이 온다. '두려운 것[威]'을 정치 지도자의 권위로 보는 사람도 있지만, 여기서는 우주적인 대원리인 도(道)를 가리키는 것으로 풀었다.

2　無狎其所居 그들이 사는 곳을 속박하지 마라. 無厭其所生 그들의 삶을 억누르지 마라.

3　夫唯不厭 무릇 오로지 억누르지 않으면. 是以不厭 그러므로 압박이 없다.

4　是以聖人自知 그러므로 성스러운 사람은 자기를 안다. 不自見 스스로 드러내지 않는다. 여기서 '見'은 '(나타날, 드러날) 현'으로 읽는다. 自愛 자기를 사랑한다. 不自貴 자기를 귀하게 여기지 않는다.

5　故去彼取此 그러므로 저것을 버리고 이것을 취한다.

뱃심 좋게 아무것에나 달려드는 사람은

죽임을 당한다.

할 수 있어도 하지 않는 용기가 있는 사람은

해를 당하지 않는다.

둘 다 용기는 용기지만

하나는 이롭고

하나는 해롭다.

자연의 미묘한 섭리는

무엇이든 못할 게 없다면서

아무것에나 달려드는 사람을 싫어한다.

하지만 아직도 많은 사람이

이 명백한 진리를 깨닫지 못하고 있다.

(도道를 체득하여,

자연의 섭리에 순응하는 사람이

매사를 어렵게 여긴다.

자연의 섭리는 무모하게 달려드는 것을

싫어한다는 것을 알기 때문이다)

하늘의 길은

다투지 않으면서도

세상을 질서 있고 평화롭게 만들며,

누가 요구하지 않아도

온 세상을 조화롭게 이끈다.

하늘의 길은

부르지 않아도 오며,

계획을 세우지 않아도

그 하는 일이 완전하다.

하늘 기운은 크고 넓은 그물처럼

온 우주에 펼쳐져 있다.

엉성한 듯하지만

아무것도 거기서 빠져나가지 못한다.

勇於敢則殺, 勇於不敢則活.
용어감즉살　용어불감즉활

此兩者, 或利或害.
차양자　혹리혹해

天之所惡, 孰知其故?
천지소오　숙지기고

是以聖人猶難之.
시이성인유난지

天之道, 不爭而善勝,
천지도　부쟁이선승

不言而善應, 不召而自來, 繟然而善謀.
불언이선응　불소이자래　천연이선모

天網恢恢, 疏而不失.
천망회회　소이불실

1　勇於敢則殺 감히 무엇을 하는 데 용감한 자는 죽임을 당한다. 勇
　　於不敢則活 감히 무엇을 하지 않는 데 용감한 자는 산다.

2　此兩者 이 둘은. 或利或害 하나는 이롭고 하나는 해롭다.

3　天之所惡 하늘이 미워하는 까닭을. 孰知其故 누가 그 까닭을 알
　　수 있겠는가?

4　是以聖人 그러므로 성스러운 사람은. 猶難之 오히려 (모든 일을)
　　어렵게 여긴다.

5　天之道 하늘의 도(道)는. 不爭而善勝 다투지 않으면서도 잘 이
　　긴다.

6 不言而善應 말하지 않으면서도 잘 응한다. 不召而自來 부르지 않아도 저절로 온다. 繟然而善謀 여유 있게 (천천히) 하면서도 잘 꾀한다.

7 天網恢恢 하늘의 그물은 넓고 크다. 疏而不失 엉성하면서도 (아무것도) 놓치지 않는다.

사람들이 죽음을 두려워하지 않는다면

죽인다고 협박한들 무슨 소용이 있겠는가?

그러나 만약 사람들이 죽음을 두려워하고,

나쁜 짓 한 사람을 죽이고 싶다고 치자.

그렇다면 누가 과연 그 사람을 죽이겠는가?

죽이는 존재는 따로 있다.

죽어 마땅한 사람이 있다면 하늘이 죽일 것이다.

이것은 변함없는 진리다.

그런데도 사람이 만든 법과 정의를 앞세워

누구를 죽인다면,

그것은 목수를 대신해서 자귀질을 하는 것과 같다.

무릇 목수를 대신해서 자귀질하는 사람치고

손을 다치지 않는 자가 거의 없다.

民不畏死, 奈何以死懼之?
민불외사　내하이사구지

若使民常畏死而爲奇者, 吾得執而殺之.
약사민상외사이위기자　오득집이살지

孰敢?
숙감

常有司殺者殺.
상유사살자살

夫代司殺者殺, 是謂代大匠斲.
부대사살자살　시위대대장착

夫代大匠斲者, 希有不傷其毛矣.
부대대장착자　희유불상기수의

I　民不畏死 백성들이 죽음을 두려워하지 않는다면. 奈何以死懼之 어떻게 죽이는 것으로 그들을 두렵게 할 수 있으리?

2　若使 만약. 民常畏死 백성들이 언제나 죽음을 두려워하고. 而爲奇者 이상한 짓을 하는 놈을 죽인다고 치자. 奇者는 '정도에서 벗어난 이상한 짓을 짓을 하는 사람'을 일컫는다. 吾得執而殺之 나는 그놈을 잡아서 죽이고 싶다.

3　孰敢 감히 누가 (그 일을 하겠는가)?

4　常有司殺者殺 늘 죽이는 자가 있어 죽인다.

5　夫代司殺者殺 무릇 죽이는 자를 대신하여 죽이는 것. 是謂代大匠斲 이를 일러 목수를 대신해서 자귀질을 한다고 한다.

6　夫代大匠斲者 무릇 목수를 대신해서 자귀질하는 사람치고. 希有不傷其毛矣 그 손을 다치지 않는 자가 거의 없다.

백성들 삶이 고달픈 것은

위에 있는 놈들이

인정사정없이 세금을 긁어가기 때문이다.

백성을 다스리기 어려운 것은

위에 있는 놈들이 요구하는 것이 많기 때문이다.

백성들이 죽음도 두려워하지 않고 항거하는 것은

위에 있는 놈들이 제 주머니만 채우려고 하기 때문이다.

무릇 자기 한 몸의 영화를 위해서

못하는 짓이 없는 놈들보다는,

목숨에 연연하지 않고 항거하는 사람이 더 낫다.

民之饑, 以其上食稅之多, 是以饑; 民之難治, 以其上之有爲, 是以難治;
민지기 이기상식세지다 시이기 민지난치 이기상지유위 시이난치

民之輕死, 以其上求生之厚, 是以輕死.
민지경사 이기상구생지후 시이경사

夫唯無以生爲者, 是賢於貴生.
부유무이생위자 시현어귀생

I　民之饑 백성들이 굶주리는 것은. 以其上食稅之多 그 윗사람들이 세금을 많이 받아먹기 때문이다. 是以饑 그래서 굶주린다. 民之難治 백성을 다스리기 어려운 것은. 以其上之有爲 그 윗사람들이 하는 것이 너무 많기 때문이다. 是以難治 그래서 다스리기 어렵다. 民之輕死 백성들이 죽음을 가벼이 여기는 것은. 以其上求生之厚 그 윗사람들이 지나치게 자기 삶이 후해지기를 구하기 때문이다. 是以輕死 그래서 죽음을 가벼이 여긴다.

2　夫唯無以生爲者 오로지 사는 것에 매달리지 않는 사람이. 是賢於貴生 사는 것을 귀하게 여기는 자보다 현명하다.

본문 번역은 가혹한 위정자와 피폐함에 허덕이다가 죽음을 불사하고 항거하는 백성의 대비로 보고 한 것이다.

사람의 몸은

살아 있을 때는 부드럽고 유연하지만

죽은 다음에는 뻣뻣하게 굳는다.

풀과 나무도

살아 있을 때는 연하고 부드럽지만

죽은 다음에는 딱딱하게 말라비틀어진다.

그래서

"딱딱하고 강한 것은 죽음의 친구이고,

부드럽고 연한 것은 삶의 친구"라는 말이 있는 것이다.

강한 군사력에 의지하는 나라는

머지않아 멸망한다.

나무 역시 너무 강하면 꺾어진다.

강하고 큰 것은 아래로 내려가고,

부드럽고 약한 것은 위로 올라간다.

人之生也柔弱, 其死也堅强.
인지생야유약　기사야견강

萬物草木之生也柔脆, 其死也枯稿.
만물초목지생야유취　기사야고고

故堅强者死之徒, 柔弱者生之徒.
고견강자사지도　유약자생지도

是以兵强則不勝, 木强則折.
시이병강즉불승　목강즉절

强大處下, 柔弱處上.
강대처하　유약처상

1　人之生也柔弱 사람의 생명은 부드럽고 약하다. 其死也堅强 사람의 죽음은 딱딱하고 강하다.

2　萬物草木之生也柔脆 만물, 초목의 생명은 부드럽고 약하다. 其死也枯稿 그것이 죽으면 마르고 딱딱해진다.

3　故堅强者死之徒 그러므로 딱딱하고 강한 것은 죽음의 무리다. 柔弱者生之徒 부드럽고 약한 것은 삶의 무리다.

4　是以兵强則不勝 따라서 군대가 강하면 이기지 못한다. 木强則折 나무가 강하면 부러진다.

5　强大處下 강하고 큰 것은 아래로 내려간다. 柔弱處上 부드럽고 약한 것은 위로 올라간다.

하늘이 하는 일은

마치 활을 매는 것과 같다.

활을 맬 때,

위는 아래로 끌어당기고

아래는 위로 끌어올린다.

많이 당겨졌으면 풀어 주고

덜 당겨졌으면 더 당긴다.

하늘은 이와 같이

남는 것은 덜어내고

모자라는 것은 채워 준다.

하지만 사람들은 그렇게 하지 않는다.

가난한 사람 것을 빼앗아다가

부자만 더욱 살찌게 만든다.

그러나 도道를 체득한 사람은

늘 넉넉한 마음으로,

베풀기를 아끼지 않는다.

도道를 체득한 사람은

일을 하고서도 뽐내지 않으며,

무엇을 완성해 놓고도 거기에 집착하거나

자기가 무엇을 했다는 생각이 없다.

인정을 받으려고 자랑하지도 않는다.

天之道, 其猶張弓與!
천지도 기유장궁여

高者抑之, 下者擧之.
고자억지 하자거지

有餘者損之, 不足者補之.
유여자손지 부족자보지

天之道, 損有餘而補不足.
천지도 손유여이보부족

人之道, 則不然: 損不足以奉有餘.
인지도 즉불연 손부족이봉유여

孰能有餘以奉天下?
숙능유여이봉천하

唯有道者.
유유도자

是以聖人爲以不恃, 功成而不處, 其不欲見賢.
시이성인위이불시 공성이불처 기불욕현현

1   天之道 하늘의 도(道)는. 其猶張弓與 그것을 비유하자면 활을 매
    는 것 같다.

2   高者抑之 높은 것은 누르고. 下者擧之 낮은 것은 들어올린다.

3   有餘者損之 남는 것은 덜고. 不足者補之 부족한 것은 보탠다.

4   天之道 하늘의 도(道)는. 損有餘而補不足 남는 것은 덜고 부족한
    것은 보탠다.

5   人之道 사람의 도(道)는. 則不然 그러하지 못하다. 損不足以奉有

餘 부족한 것을 덜어서 남는 것을 보탠다.

6   孰能有餘以奉天下 누가 능히 남는 것을 가지고 세상에 보탤 수 있을까?

7   唯有道者 오로지 도(道)를 터득한 사람만이 (그렇게) 한다.

8   是以聖人爲以不恃 그러므로 성스러운 사람은 하면서 뽐내지 않는다. 功成而不處 공을 이루고서도 그 속에 처하지 않는다. 其不欲見賢 자신의 슬기로움을 드러내려고 하지 않는다. '見'은 '(나타날) 현'으로 읽는다.

부드러운 것이 단단한 것을 이긴다

세상에서 물보다 부드럽고 연약한 것은 없다.

하지만 굳고 강한 것을 닳아 없어지게 하는 데에는

물을 능가하는 것이 없다.

물을 이길 수 있는 것은

아무것도 없다.

약한 것이 강한 것을 이기고,

부드러운 것이 단단한 것을 이긴다는 것을

모르는 사람은 없다.

하지만 이런 원리에 따라 사는 사람은 드물다.

그래서 도道를 깨우친 옛사람은 이렇게 말했다.

"백성들의 온갖 어려움을 떠맡는 사람이라야

임금 될 자격이 있고,

백성들의 온갖 불행을 자기 일처럼 여기는 사람이라야

세상을 다스릴 자격이 있다."

진리는 이처럼 역설적이다.

天下莫柔弱於水, 而攻堅强者莫之能勝, 以其無以易之.
천하막유약어수 이공견강자막지능승 이기무이역지

弱之勝强, 柔之勝剛, 天下莫不知, 莫能行.
약지승강 유지승강 천하막부지 막능행

是以聖人云: 受國之垢, 是謂社稷主; 受國不祥, 是謂天下王.
시이성인운 수국지구 시위사직주 수국불상 시위천하왕

正言若反.
정언약반

1 天下莫柔弱於水 천하에 물보다 더 부드럽고 약한 것은 없다. 而
   攻堅强者 그런데 단단하고 강한 것을 공격하는 데. 莫之能勝 물
   을 이길 것이 없다. 以其無以易之 물을 대신할 것이 없다. 無以는
   '~할 수 없다', 易는 '바꾸다' 또는 '대체하다'는 뜻.

2 弱之勝强 약함이 강함을 이긴다. 柔之勝剛 부드러움이 딱딱함을
   이긴다. 天下莫不知 천하에 모르는 사람이 없다. 莫能行 (그러나)
   능히 행하지 못한다.

3 是以聖人云 그러므로 성스러운 사람은 말하기를. 受國之垢 나라
   의 더러움을 받아들이다. 是謂社稷主 이를 일러 땅과 곡식의 주인
   이라 한다. 社稷은 토지의 신과 곡식의 신을 가리킨다. 따라서 한
   나라의 토대를 의미한다. 受國不祥 나라의 상서롭지 못한 것을 받
   아들이다. 是謂天下王 이를 일러 천하의 왕이라 한다.

4 正言若反 바른말은 마치 반대인 것 같다.

크게 싸운 다음에는,

원한을 풀고 화해해도 마음속에 앙금이 남는다.

그러니 애당초 싸우지 않는 것이 좋지

싸운 다음 화해하는 것을

어찌 좋다고 말할 수 있겠는가?

그러므로 도道를 체득한 사람은

차용증서를 손에 쥐고서도

빚을 갚으라고 볶아 대지 않는다.

도道를 체득한 사람은 어음을 받는다.

그러나 도道와 상관없이 사는 사람은

꼭 현금을 내라고 닦달한다.

(하지만) 하늘의 길은 공평하다.

하늘은 늘 선을 베푸는 사람을 돕는다.

和大怨, 必有餘怨, 安可以爲善?
화대원 필유여원 안가이위선

是以聖人執左契, 而不責於人.
시이성인집좌계 이불책어인

有德司契, 無德司徹.
유덕사계 무덕사철

天道無親, 常與善人.
천도무친 상여선인

1 和大怨 큰 원한을 화해하여 풀어도. 必有餘怨 반드시 원한이 남
는다. 安可以爲善 (그러니 화해를 했다 해서) 어찌 잘했다 할 수 있
겠는가? 安은 '어찌 ~라 하겠는가?'라는 뜻. 갑본에는 焉(언)으로
되어 있다. 뜻은 安과 같다.

2 是以聖人 그러므로 성스러운 사람은. 執左契 왼쪽 어음을 잡고도.
而不責於人 채무자에게 독촉하지 않는다. 옛날 중국에서는 임대
차 계약을 할 때 나무판에 글을 새긴 다음 그것을 둘로 쪼개 왼쪽
것[左契]은 채권자가 갖고 오른쪽 것[右契]은 채무자가 가졌다.

3 有德司契 덕(德)이 있는 사람은 (어음을 받고) 계약하는 일을 하고.
無德司徹 덕(德)이 없는 사람은 현물을 징수한다. 司는 '관장하다'
라는 뜻. 徹은 수확량의 10분의 1을 현물로 징수하는 조세제도를
말한다.

4 天道無親 하늘의 도(道)는 편애하지 않는다. 常與善人 늘 선한 사
람을 돕는다.

나라는 작고 인구는 적은 것이 좋다.

삶을 편리하게 하는 온갖 기물이 있어도

쓰지 않는 것이 좋다.

백성들로 하여금,

자기가 살고 있는 곳을 사랑하게 만들어

다른 데로 이사 가고 싶은 마음이 들지 않게 하라.

배와 수레가 있어도

그것을 탈 일이 없게 하라.

갑옷과 무기가 있어도

그것을 쓸 일이 없게 하라.

백성들로 하여금,

문자 대신 끈을 매듭지어 뜻을 표시하는

단순한 삶으로 돌아가게 하라.

백성들로 하여금

담백한 음식을 달게 먹고,

소박한 옷을 즐겨 입으며,

초가삼간 방에서 따뜻하게 지내고,

자연과 더불어 사는 것을 즐겁게 여기게 하라.

닭 울음소리와 개 짖는 소리가 들릴 정도로

가까이 있는 이웃 나라가

아무리 잘사는 나라라고 하더라도,

그곳에 가서 살고 싶어 하는 사람이 없도록 하라.

늙어 죽을 때까지 자기가 사는 곳에서

만족하며 행복하게 살 수 있게 하라.

小國寡民.
소국과민

使有什伯之器而不用.
사유십백지기이불용

使民重死而不遠徙.
사민중사이불원사

雖有舟輿, 無所乘之; 雖有甲兵, 無所陳之.
수유주여 무소승지 수유갑병 무소진지

使民復結繩而用之.
사민부결승이용지

甘其食, 美其服, 安其居, 樂其俗.
감기식 미기복 안기거 낙기속

鄰國相望, 鷄犬之聲相聞, 民至老死, 不相往來.
인국상망 계견지성상문 민지노사 불상왕래

1   小國寡民 나라는 작고 인구는 적게 하라.

2   使有什伯之器而不用 온갖 편리한 기물이 있어도 쓰지 않게 하라.

3   使民重死而不遠徙 백성들로 하여금 죽음을 중하게 여겨 멀리 이
     사 가지 않도록 하라.

4   雖有舟輿 비록 배와 수레가 있어도, 無所乘之 그것을 탈 일이 없
     게 하라. 雖有甲兵 비록 갑옷과 병기가 있어도, 無所陳之 그것을
     펼칠 일이 없게 하라.

5   使人復 사람들로 하여금 다시 ~하게 하라. '復'는 '(다시) 부'로 읽
     는다. 結繩而用之 끈을 매듭지어 사용하다.

6   甘其食 먹는 것이 달다. 美其服 입는 것이 아름답다. 安其居 사는
     것이 편안하다. 樂其俗 습속이 즐겁다.

7   鄰國相望 이웃 나라가 서로 바라다보인다. 鷄犬之聲相聞 닭과 개
     의 소리가 서로 들린다. 民至老死 백성이 늙어 죽을 때까지. 不相
     往來 서로 왕래하지 않는다.

도道를 체득한 사람은 쌓아 두지 않는다

진실이 담겨 있는 말은 꾸밈이 없고,

듣기 좋게 꾸민 말에는 진실이 없다.

도道를 체득한 사람은 따지지 않고,

논리적으로 따지는 사람은

도道를 알지 못하는 사람이다.

핵심을 아는 사람은 잔말이 없고,

복잡하게 이것저것 떠벌이는 사람은

핵심을 모르는 사람이다.

도道를 체득한 사람은 쌓아 두지 않는다.

아낌없이 나누어 주지만 모자람을 모른다.

주면 줄수록 그의 삶은 더욱 풍요로워진다.

하늘은 만물을 이롭게 한다.

결코 해치지 않는다.

도道를 체득한 사람은

(하늘이 그러하듯이)

아무하고도 경쟁하거나 다투지 않는다.

信言不美, 美言不信; 善者不辯, 辯者不善; 知者不博, 博者不知.

신언불미 미언불신 선자불변 변자불선 지자불박 박자부지

聖人不積, 旣以爲人己愈有, 旣以與人己愈多.

성인부적 기이위인기유유 기이여인기유다

天之道, 利而不害; 聖人之道, 爲而不爭.

천지도 이이불해 성인지도 위이부쟁

I   信言不美 믿음이 있는 말은 아름답지 않다. 美言不信 아름다운
    말은 믿음이 없다. 善者不辯 좋은 사람은 따지지 않는다. 辯者不
    善 따지는 사람은 좋지 않다. 知者不博 아는 사람은 박식하지 않
    다. 博者不知 박식한 사람은 알지 못한다.

2   聖人不積 성스러운 사람은 쌓아 두지 않는다. 旣以爲人 처음부터
    다른 사람에게 베풀지만. 己愈有 자기에게는 점점 더 많은 것이 남
    는다. 旣以與人 처음부터 다른 사람에게 주지만. 己愈多 자기에게
    남는 것은 점점 더 많아진다.

3   天之道 하늘의 도(道)는. 利而不害 이롭게 하면서 해치지 않는다.
    聖人之道 성스러운 사람의 도(道)는. 爲而不爭 무엇을 하면서 다
    투지 않는다.

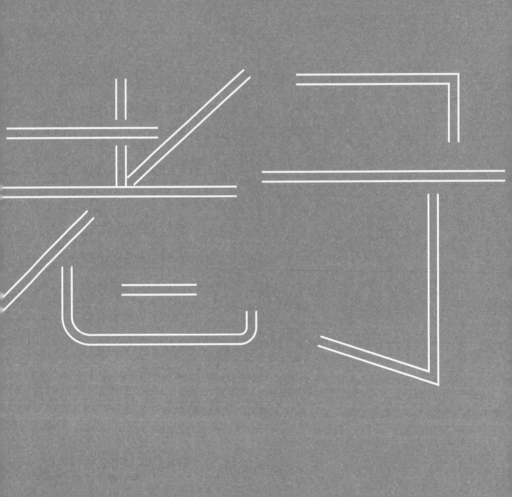

해제

解題

첫째 마당 :
『도덕경(道德經)』은 어떤 책인가?

노자(老子)는 실존 인물인가? 실존 인물이라면 어느 때 무엇을 하던 사람인가? 『도덕경(道德經)』이 노자의 작품인가? 원래 『도덕경』은 무슨 목적에서 집필된 책인가? 이런 문제에 대한 견해는 사람마다 다르다. 중국이나 우리나라에서 나온 것은 젖혀 두고 서양 사람들이 내놓은 견해만 가지고도 수레에 실으면 수레를 끄는 소가 땀을 뻘뻘 흘리고 대청에 쌓으면 바닥에서 천장까지 꽉 채울 만큼 많다. 나는 여기에 무슨 의견을 더 보탤 생각이 없다. 다만 그동안 읽은 이런저런 이야기에 대한 생각을 나름대로 정리해 보고 싶을 뿐이다.

세종대왕이 한글을 창제했다. 이건 초등학교 교과서에 나오는 내용이고, 아무도 이 말이 잘못되었다고 하는 사람이 없다. 그러나 실제로 한글은 세종대왕의 명을 받아 집현전 학자들이 만들었다. 그런데도 세종대왕이 한글을 만들었다는 데 토를 다는 사람이 없다.

39권의 책이 묶여 있는 구약성서 처음 다섯 책(창세기, 출애굽기, 레위기, 민수기, 신명기)을 '모세오경(五經)' 또는 '모세의 책'이라고 한다. 히브

리인들은 이 다섯 권을 '토라(율법서)'라고 하며 이스라엘의 건국 영웅 모세가 쓴 것이라고 한다. 그래서 '모세오경'이다. 기독교인들도 '모세오경'이라는 말을 그대로 쓴다. 그런데 그 안에는 모세가 죽은 다음에 있었던 일에 대한 기록도 있다. 그렇다면 '모세오경' 전체가 모세의 저작은 아니다. 그럼에도 불구하고 '토라'는 '모세의 책'이다.

　정신 문화 유산은 어느 한 사람의 창작인 경우가 드물다. 대부분 시대정신의 소산이다. 어느 시대를 대표하는 정신이 책이나 예술작품으로 세상에 나올 때는 이미 수많은 동시대 사람들의 정신이 거기에 함께 담겨 있기 마련이다. 그리고 그런 결과물들에 그 시대를 (정치적으로나 정신적으로) 대표하는 인물의 이름을 붙이는 것이 보통이다. 한글과 측우기는 세종대왕이 만들고, '토라'는 모세가 썼다는 식으로.

　나는 『도덕경』을 노자가 썼다고 하는 얘기도 비슷한 맥락에서 이해할 수 있다고 본다. 물론 어떤 경우에도 세종대왕이나 모세나 노자는 실존 인물이어야 한다. 비록 그 이름이 가명(假名)이나 차명(借名)일지라도, 그 시대 그 정신을 대표하는 어떤 사람이 있었던 것만큼은 사실이어야 한다는 말이다. 그 사람이 개인이 아니라 집단일 수도 있다. 하지만 집단이라 할지라도 항상 리더는 있는 법이다. 그래서 나는 노자라는 사람이 있었고 그가 『도덕경』을 썼다는 견해를 지지한다.

　더 나가기 전에 내가 받아들인 가설을 몇 가지 제시하고, 내가 왜 그 가설을 받아들이게 되었는지 설명하는 것이 좋을 듯싶다. 내가 받아들인 가설은 다음과 같다.

　첫째, 노자는 실존인물이다.

둘째, 노자는 주(周)나라 왕실도서관 관장으로, 당대 최고의 석학이자 지위가 높은 정치가였으며, 당시 젊은이였던 공자(孔子)가 그의 가르침을 받은 적이 있다.

셋째, 『도덕경』은 한 사람의 작품이고, 가장 가능성 있는 저자는 노자다.

넷째, 현존하는 『도덕경』 사본들은 시대를 거치면서 재편집된 것이며, 재편집 과정에서 어느 정도(또는 상당한 양)의 첨삭(添削)이 있었다.

다섯째, 노자는 인도의 요가 전통을 받아들여 그것을 중국화(中國化)한 사람이다.

첫째 가름 : 노자는 실존 인물인가?

어떤 사람이라도 후에 그의 가르침을 따르는 사람의 수가 많아지면, 그에 대한 여러 가지 이야기가 덧붙어 전설적인 인물로 미화되는 경우가 많다. 노자의 경우도 예외가 아니어서 후대에 만들어진 노자에 대한 신화와 전설이 많다. 그리고 그런 이야기를 놓고 옹호자와 반대자 사이에 격렬한 논쟁을 벌이는 경우도 있다. 노자를 둘러싸고 벌어진 논쟁 중에 가장 유명한 것은 도교도(道教徒)와 불교도(佛教徒) 사이에 있었던 이른바 '화호논쟁(化胡論爭)'일 것이다.

불교는 전한(前漢) 시대(1세기경)에 중국에 들어왔는데, 자신들의 가르침을 일반인들이 이해하기 쉽도록 도교에서 사용하는 용어와 개념을 빌어 설명했다. 이를테면 불교에서 가르치는 절대 자유의 경지인

'니르바나(涅槃)'를 도교의 개념인 '무위(無爲)'로 옮겨 가르치는 식이었다 (이런 번역 방법을 흔히 격의格義라고 하는데, 기독교가 중국에 소개될 때도 처음에는 하느님을 불교적인 용어인 천주天主로 번역했다가 나중에는 유교적인 용어인 상제上帝로 바꾸는 등 일련의 격의格義 과정을 거쳤다). 그러다 보니 도교 안에서 일종의 도교 우위론이 서서히 나타났다. 후한(後漢) 시대에 이르러서는 옛날에 노자가 서역(西域, 중국 서쪽에 인접해 있는 나라들)으로 건너가 불교를 혁신했고 서역제국을 교화했다는 주장이 널리 퍼지게 되었다. 당시 중국 사람들은 북방과 서방 여러 족속들을 '호(胡, 오랑캐)'라고 불렀기 때문에 이 주장을 보통 '노자화호설(老子化胡說)'이라고 한다. 불교도 입장에서는 이 화호설(化胡說)을 도저히 받아들일 수 없었다. 화호설을 받아들이면 불교가 도교보다 한 수 아래인 꼴이 되어버리기 때문이다. 한편 도교 쪽에서는 이를 확실한 역사적 사실로 보고, 서진(西晉)의 왕부(王浮) 같은 사람은 이를 근거로『노자화호경(老子化胡經)』이라는 책까지 썼다. 하여튼 불교도와 도교도 사이의 화호논쟁(化胡論爭)은 그 뒤로도 천 년 이상 계속되었다.

　노자에 관한 신화는 이 밖에도 엄청나게 많다. 노자에 관한 가장 믿을 만한 자료인 사마천(司馬遷, B.C. 145~87)의『사기(史記)』에 실려 있는 이야기도 모두 그 시대에 떠돌고 떠돌던 노자에 관한 이야기를 모아 놓은 것이다. 물론 사마천은 대단히 뛰어난 역사가였다. 그의 사실 추구에 대한 치열함과 포괄적인 통찰력은 서양 학자들도 혀를 내두를 정도다. 그는 노자에 관한 이야기를 정리하기 위해 현지를 답사하면서 많은 노인들과 인터뷰도 했다. 그는 취재 결과를 다음과 같이 세 가지로 정리했다.

첫째, 노자는 성이 이(李) 씨이고, 이름은 이(耳), 자(字)는 백양(伯陽),
시호(諡號)는 담(聃)이다. 공자를 만난 적이 있으며, 공자가 찾아왔을 때
그를 가르치고 타이른 일이 있다.

둘째, 노자는 노래자(老萊子)라고도 하는데, 공자와 같은 시대의 사
람으로 200년 남짓 살았다.

셋째, 노자는 주나라 황실의 태사(太史)인 담(儋)이라는 사람이며, 진
(秦)나라의 헌공(獻公)과 만난 일이 있다.

첫째 설에 따르면 노자는 기원전 5~6세기에 살았던 사람이고, 둘째
설에 따르면 기원전 6세기 중반에서 기원전 4세기 중반까지 살았던 사
람이다. 셋째 설에 따르면 진나라 헌공과의 관계로 보아 춘추 말기에서
전국시대에 걸쳐(기원전 4세기) 살았던 사람이 된다. 이렇게 여러 가지
설을 소개하면서도 노자라는 사람의 실재성을 전혀 의심하지 않았다.
노자에 관해 서술하는 어조를 보면 오히려 사마천 자신은 노자가 공자
와 동시대의 인물이며, 공자보다 나이가 많았으며, 공자가 노자의 가르
침을 받은 적이 있다는 것을 믿고 있었던 것 같다. 그러면서도 확언을
하지 않는데, 사마천 당시 유가(儒家)가 득세하기 시작하고 있었다는
시대적 상황을 감안한다면 어느 정도 이해가 가는 대목이다.

노자의 생애를 증명하는 일은 불가능하다. 하지만 사마천의 『사
기』를 비롯하여 진(秦) 시대 이전의 여러 책에 언급된 내용으로 미루
어 대강의 모습을 재현할 수는 있다. 노자에 관련된 이야기가 실려 있
는 진(秦) 시대 이전의 책으로는 『전국책(戰國策)』, 『순자(筍子)』, 『장자
(莊子)』, 『한비자(韓非子)』, 『여씨춘추(呂氏春秋)』, 『예기(禮記)』 등이 있

는데, 이들 모두 노자를 공자와 같은 시대 사람인 노담(老聃)으로 보고 있다.

기독교 신학에서 '역사적 예수(historical Jesus)'에 관한 논쟁이 있었다. 내용은 대충 이렇다. 기독교에서는 전통적으로 복음서에 묘사된 예수의 모습이 실존했던 역사적인 예수의 모습이라는 견해를 받아들이고 있었다. 그런데 역사학 분야에서 과거의 역사 기록이 객관적인 사실의 기록이 아니라 역사가의 주관적인 판단과 해석이라는 견해가 나오자 이전의 실증주의 역사관과 충돌하면서 격렬한 논쟁이 벌어지게 되었다. 그 불똥이 기독교 신학에도 튀었다. 그래서 '역사적(historisch; historical) 예수'와 '신앙의(geschichtlich; historic) 그리스도'라는 명제를 놓고 일대 논란이 벌어졌다. 보수적인 신학자들은 복음서에서 역사적으로 실존했던 예수의 모습을 찾을 수 있다고 주장했고, 진보적인 학자들은 복음서에 묘사된 예수의 모습은 객관적인 사실로서의 예수의 모습이 아니라 추종자들에 의해 그리스도로 해석된 예수일 뿐이기 때문에, 그 기록에서 객관적인 사실을 도출해 내기는 불가능하다고 주장했다. 머리가 돌아 버릴 정도로 복잡한 내용들이 논쟁에서 불거져 나왔지만, 결론은 분명하다. 누구에게나 동일하게 보이는 객관적인 사실은 결코 존재하지 않는다. 같은 사건이라도 이 사람은 이렇게 보고 저 사람은 저렇게 본다. 이건 현대 물리학의 결론이기도 하다. 그러므로 역사란 객관적인 사실의 기록이라기보다는 주관적인 이해와 판단의 기록이다.

노자의 경우도 마찬가지다. 우리가 노자에 관한 기록에서 발견할 수 있는 것은 '역사적 노자'가 아니라 '신앙의 노선생(老先生)'인 것이다. 물론 '신앙의 노선생' 뒤에는 분명히 '역사적 노자'가 있었을 것이다. 하지만 그 '역사적 노자'의 모습을 객관적으로 재구성하는 것은 불가능하다. 지금 우리와 함께 살고 있는 어떤 사람이라도 그를 객관적으로 묘사하는 것은 불가능하다. 사람마다 그를 보는 눈이 다르며, 각기 자기의 주관을 가지고 그를 묘사할 것이기 때문이다. 지금 우리와 함께 살고 있는 사람도 그러할진대 하물며 실존했는지조차 분명치 않은 노자의 생애를 객관적으로 재구성한다는 것은 애당초 불가능한 일이다.

그럼에도 불구하고 『도덕경』을 이해하기 위해서는 어떤 식으로든 노자의 생애를 재구성할 필요가 있다. 무엇이든 그것을 이해하려면 배경에 대한 이해가 선행되어야 한다. 배경(context)에 대한 이해가 본문(text) 해석을 결정한다. 노자를 어떤 사람으로 보느냐에 따라 『도덕경』에 대한 이해가 달라진다. 『도덕경』을 가지고 『도덕경』을 해석한다[以老解老]는 사람이 있지만, 이 작업도 『도덕경』 본문(text)과 관련된 많은 '다른 텍스트'(context)를 비교하며 검토하지 않고는 불가능하다. 그러므로 『도덕경』 독자는 '누구라도' '어떤 식으로든' 배경 이해를 가질 수밖에 없다. 그리고 노자나 노자의 생애에 대한 객관적이고 절대적인 증거가 없다면, 그의 생애를 재구성하는 것은 어디까지나 독자 자신의 '선택'이다.

둘째 가름 : 노자는 어떤 사람인가?

중국에서는 민국(民國) 10년(1921년) 이후 노자와 그의 생애와 그의 책에 대해 의심을 제기하는 사람이 많이 나타났다. 이런 현상은 당시 중국 학계에 거세게 몰아닥친 '의고풍(擬古風, 옛것을 의심하는 풍조)' 사상운동의 한 모습이었다. 이전에는 노자라는 사람과 그의 책에 대해 의문을 제기한 사람이 간혹 있긴 했지만 극소수에 지나지 않았고, 대체적으로 그 정통성과 권위를 인정했다. 하지만 기라성 같은 당대의 석학들이 의고풍 논쟁에 참여하여 노자라는 사람과 그의 책에 관해 자기주장을 폈다. 1910년부터 1933년 사이에 논전(論戰) 형식으로 제출된 이들의 논문은 『고사변(古史辨)』 제4책(第四冊), 하편(下篇)에 실려 있는데, 그 개략은 이미 여러 『도덕경』 해제(解題)에 소개되어 있으므로 여기서 다시 언급하지는 않겠다. 다만 『고사변』 논문 필자들의 견해를 맹목적으로 받아들이기는 어렵다는 점만을 지적해 두고자 한다. 그들의 견해를 그대로 받아들이기 어려운 이유는 이렇다.

의고풍 사상운동은 서양의 객관적 실증주의 철학과 "역사가의 임무는 있는 그대로의 사실을 보여 주는 것"이라는 랑케(Leopold von Ranke)의 역사사실주의(歷史寫實主義)적 절대 사관을 그대로 받아들였다. 그러나 역사사실주의적 절대 사관은 앞에서 말한 것처럼 주관적인 인식론에 의해 붕괴될 수밖에 없고 사실 이미 붕괴되었다. 따라서 그들이 주장하는 사실(事實)도 결국은 자신들이 판단하여 선택한 사실(史實)이기 때문이다.

그렇다면 노자는 누구인가? 『사기』는 노자를 '주수장실지사(周守藏室之史)'라고 말하고 있다. 이 구절은 '주(周)나라 수장실(守藏室) 관리[史]'라고 해석할 수도 있고, '주(周)나라 장실(藏室)을 담당하던 관리[史]의 우두머리[守]'라고 해석할 수도 있다. 장실(藏室)은 옛날에 책을 보관하던 곳으로, 지금의 서고(書庫)나 도서관에 해당된다. 그렇다면 노자는 주나라 왕실도서관 관장이었던 셈이다.『사기』의 이 기록은 120권으로 되어 있는 후한(後漢)시대의 역사책인『한서(漢書)』'예문지(藝文志)'에 보이는 도가(道家)에 대한 기록과도 맥이 통한다.『한서』'예문지'에 나오는 도가(道家)에 대한 설명은 이렇다.

"도가(道家)라고 하는 사람들은 대개 사관(史官)에서 나왔다. 그들은 일어남과 쓰러짐, 살아남음과 죽음, 화와 복, 그리고 옛날과 지금의 길을 역사적으로 기록했다. 그들은 그런 행위를 통해 일의 핵심을 파악하고 근본을 잡는 것을 알게 되었다."

『사기』와『한서』의 이런 기록으로 미루어 노자가 사관이었음을 알수 있는데, 이 사관이라는 직책이 그리 만만한 자리는 아니었던 것 같다. 고대 중국에 관직은 무(巫)와 사(史)만 있었다. 수술(數術)과 방기(方技)에 관련된 것을 제외한 모든 책은 다 사(史)였으며 사관(史官)의 손안에 있었다. 곧 사관은 단순한 학자나 행정 관료가 아니라 모든 분야에 달통한 당대의 석학으로, 역사가이자 정치가였던 셈이다. 후대에 기능이 의관(議官, 雜家, 왕의 통치가 잘못될 때 그것을 바로 잡는 역할), 이관(理官, 法家, 율령에 근거하여 죄를 다스리는 역할), 사종지관(司從之官, 儒家, 왕가의 자손을 교육하는 역할), 희화지관(羲和之官, 陰陽家, 일월성신日月星辰의 움직임을 파악하여 때를 가리는 역할) 등으로 분화된 모든 기능이 고대에는 모두 사관의 역할이었다. 노자가 이런 사관의 우두머리[守]였다면, 그의 학식과 위상이 어느 정도였는지 대충은 짐작할 수 있을 것이다. 당시 봉건 제후들이 흥왕하여 주(周)나라의 위상이 흔들리고 있었지만 그래도 주(周) 왕실은 모든 나라의 머리였다. 이런 주(周)나라의 대석학이자 뛰어난 정치가였던 노자에게 보잘것없는 제후국이었던 노(魯)나라의 공구(孔丘)라는 청년이 가르침을 받았다는 것은 하나도 이상한 일이 아니다.

『사기』에 의하면 공자가 노자를 찾아와 예(禮)에 대해 물었고, 노자는 공자에게 훈계조의 가르침을 주었다. 공자가 돌아와서 제자들에게 이렇게 말했다고 한다.

> "새는 날고, 물고기는 물에서 놀고, 짐승은 뛴다. 뛰는 짐승은 그물로 잡을 수 있고, 물고기는 낚시로 낚을 수 있고, 새는 화살을 쏘아 잡을 수 있다. 그러나 용은 바람과 구름을 타고 하늘로 올라가기 때문에 그 정체를 알 수가 없다. 내가 만나고 돌아온 노자라는 분이 바로 그런 용 같은 분이다."

한대(漢代) 이후 유가(儒家)가 득세하면서 공자가 노자에게 가르침을 받았다는 것에 자존심이 상해서 노자가 실제로 존재했던 사람이라는 것까지 부인하려고 노력했지만(노자와 그의 책을 깎아내리는 의고풍 학자들 중에도 그 연장선에 서 있는 사람이 많다), 냉철한 독자라면 고대의 여러 전적을 통해 공자가 노자에게 가르침을 받은 사실이 있다는 것을 쉽게 부인하기 어려울 것이다.

셋째 가름 : 『도덕경』은 누구의 작품인가?

'노자'는 사람 이름이기도 하고 책 이름이기도 하다. 이 글에서는 책 이름을 『도덕경』으로 쓰고 있지만, 편의상 그렇게 하는 것일 뿐 원래는 책 이름도 『노자』다. 『도덕경』이라는 책 이름은 후대에 붙은 것이다. 『한비자(韓非子)』에 나오는 『노자』의 인용문이나 1973년 마왕퇴(馬王堆)에서 발굴된 『노자』 사본에는 소위 『덕경(德經)』이 앞에 나오고 『도경(道經)』이 뒤에 나온다. 후대의 사본에 『도경』이 앞에 나오고 『덕경』이 뒤에 나오기 때문에 『도덕경』이라면, 그건 『덕경』이 앞에 나오고 『도경』이 뒤에 나오기 때문에 『덕도경(德道經)』이라고 할 수 있을 것이다.

노자가 실제 『도덕경』의 저자가 아니라고 하는 사람들도 대부분 BC 2세기경에는 『도덕경』이 책으로 존재했을 것이라고 추정한다. 그렇게 추정하는 이유는 그 시대를 전후해서 나온 책들에 『도덕경』에 나오는 구절들이 인용되고 있기 때문이다. 그들은 BC 4~5세기경부터 『도덕경』에 나오는 많은 구절들이 속담이나 격언처럼 입에서 입으로 전해지다가, BC 2세기 무렵에 책으로 편집되었고, 전설적인 현자인 노자를 그 책의 저자로 상정했을 것이라고 한다. 그리고 『도덕경』의 편집자는 한 사람이 아니라 노자의 가르침을 따르는 '노자(老子)학파' 사람들일 가능성이 크다고 주장한다.

『바가바드 기타』나 『성경』이나 『요가수트라』나 불경 등 대부분의 경전들이 상당 기간 입에서 입으로 내용이 전달되는 구전(口傳) 과정을 거친 다음에 책으로 모습을 드러냈다는 것은 이제 상식이다. 이런 점에서 보면 『도덕경』도 구전(口傳) 과정을 거쳤다고 보는 것이 타당하다. 구전 과정을 거쳤다는 증거는 BC 168년 전후로 추정되는 마왕퇴한묘(馬王堆漢墓)에서 출토된 『도덕경』 본문에 뜻보다는 발음을 우선했기 때문에 생긴 오자(誤字)들이 더러 보이고 후대의 본문들보다 훨씬 더 구어체라는 점을 미루어 보아도 짐작이 간다. 하지만 구전 과정을 거친 고대의 지혜가 BC 5~6세기 무렵에 노자라고 하는 현자의 손에 의해 책으로 정리되어 나왔는지, 아니면 후대에 익명의 편집자(들)에 의해 책으로 편찬된 다음 노자의 이름이 붙었는지는 확실치 않다.

이에 대한 여러 가지 의견을 종합해 보면, 첫째 가설, 곧 『도덕경』이 한 개인의 작품이라는 느낌이 강하게 든다. 이 견해를 지지하는 사람들이 내놓고 있는 증거들은 다음과 같다.

1. 『도덕경』에 고유명사, 이를테면 사람 이름이나 장소나 사건의 이름이 한 번도 나오지 않는다. 후대에 편집된 선집(選集)이라면 이는 거의 불가능한 현상이다. 선집의 편찬자는 자기 책의 가치를 높이기 위해서라도 자기가 정리해 놓은 격언과 관련된 위대한 인물의 이름을 밝혔을 것이다.

2. 『도덕경』에는 2인칭이나 3인칭 대명사는 한 번도 나오지 않는 반면에, 1인칭 대명사(我, 吾)는 상당히 많이 나온다. 또한 저자 개인이 자신의 심정을 토로하는 독백도 여러 차례 나오고 있다(20장, 67장, 70장 등).

3. 『도덕경』 전체의 문체가 통일되어 있으며, 내용도 일관된 맥을 유지하고 있다. 물론 당시에는 인쇄 기술이 없었기 때문에 나무조각[木柵]이나 다듬은 대나무 조각[竹簡]이나 비단[帛書] 등에 손으로 베끼는 형태로 책이 유통되었으며, 베끼는 과정에서 오자(誤字)나 탈자(脫字)가 생길 수도 있었다. 또 베끼는 사람이 자신의 견해를 덧붙이는 경우도 있었다. 현존하는 『도덕경』 본문에 이런 흔적이 남아 있는 것은 분명한 사실이지만, 그럼에도 불구하고 전체의 통일성은 그대로 유지되어 있다.

또 『도덕경』의 시대 문제에 있어서 저자가 누구인지는 분명하지 않다고 하더라도, 과연 『도덕경』이 공자와 동시대인 춘추말기(春秋末期, BC 5~6세기)에 나온 책이라는 말이 맞긴 맞는 것일까? 결론부터 말하자면 그렇다고 본다. 어떤 가르침이든 가르침이 나오려면 그런 가르침이 나올 수밖에 없는 사회적인 배경이 있다. 어떤 특수한 사회적 배경이 그 시대의 특수한 사상을 낳는 것이다. 그렇다면 봉건 제후들의 군웅할거로 사회가 극도로 혼란스럽던 춘추말기의 사회 상황이 『도덕경』에 보이는 초탈한 정치철학 또는 처세 철학을 낳았다는 것은 지극히 자연스러운 일이다.

그 시대는 참으로 혼란했다. 『회남자(淮南子)』에 의하면 "춘추시대(春秋時代) 242년 동안 망한 나라가 52요, 왕을 죽인 자가 36"에 달한다. 투쟁의 소용돌이 속에서 온 세상이 도살장으로 변해 가고 있었다. 이런 전란의 소용돌이 속에서 수많은 귀족과 지식인이 몰락했으며, 그들 중에는 세상을 고쳐 보려고 애쓰는 사람들을 비웃으며 사회를 비판하는 무리로 전락한 사람들도 있었을 것이고, 자연 속에 은둔하여 모든 것이 무(無)에서 나와 무(無)로 돌아간다는 내면의 깨달음을 키워 나간 사람들도 있었을 것이다. 『도덕경』은 아마 이런 시대정신의 산물일 것이다.

노자와 『도덕경』이 언급된 여러 전적(典籍)을 비교해 보면, 『사기』가 말하고 있는 주(周)나라 왕실도서관 관장[周守藏室之史]이었던 노담(老聃)이 『도덕경』의 저자로 가장 적합한 인물로 떠오른다. 앞에서 말했듯이 당시의 사관(史官)은 단순한 행정 관리도 아니고 단순한 학자도 아니다. 모든 분야의 책을 알고 수집하고 고증하고 보관하는 당대 최고의 학자이자 왕의 정치에 대해 간언도 하고 방향도 제시하는 사람이었다. 나아가 『도덕경』에 보이는 전쟁에 관한 가르침을 보면, 전쟁 중에는 전략회의에 참여하는 등 전쟁에 깊숙이 관여했던 흔적도 보인다. 『도덕경』의 저자는 인생의 쓴맛 단맛 다 보고 영화도 누릴 만큼 누려 본 사람, 그 시대의 혼란한 사회 분위기에 영향을 받아 도대체 인생이 무엇이냐를 깊이 탐구한 사람, 그러다가 도(道)와 덕(德)에 대한 깨달음을 얻어 환골탈태한 사람, 그리하여 마침내 천지의 도(道)와 하나 되어 자유인이 된 사람이었으리라. 그가 현직에서 물러나 자신의 깨달음을 노래한 것이 『도덕경』일 것이다. 그가 꼭 누구냐 하는 것은 그리 중요한 문제가 아니다. 그보다는 어떤 시대에 어떤 생각을 가지고 살았던 사람이며, 그의 가르침이 오늘 나에게 무슨 뜻이 있느냐가 훨씬 더 중요할 것이다.

넷째 가름 :『도덕경』의 집필 목적은 무엇인가?

노장(老莊, 노자와 장자)으로 대표되는 무위자연(無爲自然) 철학을 흔히
은둔 철학 또는 현실도피 사상쯤으로 치부하는 경향이 있다. 도가(道
家) 사상이 후대에 현실 도피적인 성격으로 발전한 것은 사실이지만 처
음부터 현실 도피적인 성격을 가지고 있었던 것은 아니다. 지금 우리가
살펴보고자 하는『도덕경』만 해도 그렇다. 이 책도 처음부터 '은둔 철
학서'가 아니었다. 저자 자신이 현실 정치에 깊이 참여한 흔적이 보일
뿐만 아니라, 앞서 살펴보았듯이 노자가『도덕경』의 저자라면 그는 왕
의 측근에 있던 지위가 높은 정치가 또는 모든 분야에 달통한 원로 정
치인이었다. 그런 그가 후에 도(道)와 덕(德)을 깨닫고 자신의 깨달음을
글로 남겼다면 그 안에는 당연히 심오한 정치철학이 담겨 있을 수밖에
없을 것이다.『도덕경』안에 큰 나라와 작은 나라의 외교관계, 전쟁하
는 법, 백성을 편안하게 하는 법 등 왕의 통치에 관련된 내용이 상당히
많이 포함되어 있다는 사실로도 이런 가정이 아주 잘못된 것은 아님을
알 수 있다.『도덕경』이 원래 정치철학서 성격을 가지고 있었다는 가정
을 가능케 하는 증거는 꽤 많지만, 그중에서 중요한 두 가지만 살펴보
도록 하자.

첫째, 마왕퇴한묘백서(馬王堆漢墓帛書)가 그 증거가 될 수 있다.
1972년 중국 후난성(湖南省) 창사(長沙)에 있는 마왕퇴(馬王堆)에서
한(漢)시대 무덤 세 개가 발굴되었다. 그 무덤들은 한대(漢代) 초기 장사
왕(長沙王)의 국승상(國丞相)이었던 대후리창(軑侯利蒼)과 그의 부인과

아들의 묘였다. 장사왕은 한(漢) 왕조가 장사(長沙) 지방을 다스리도록 책봉한 분봉왕이며, 국승상(國丞相)이란 그를 감독하기 위해 한(漢) 왕조가 파견한 관리로 사실상 그 지방의 최고 행정관이었다.

묘는 1, 2, 3호로 되어 있는데 1호는 대후리창의 부인, 2호는 대후리창, 3호는 아들의 묘였다. 『도덕경』 백서(帛書, 비단에 쓴 글)는 아들이 묻힌 3호분에서 나왔다. 『도덕경』과 함께 10여 종의 백서가 출토되었는데, 그중에는 처음 발견된 고서(古書)도 포함되어 있었다. 목독(木牘, 나무판에 쓴 공문) 한 개도 함께 출토되었는데, 목독의 기록에 의해 그 무덤이 한(漢)나라 문제(文帝) 12년(BC 168년) 때의 것이라는 사실이 밝혀졌다. 마왕퇴한묘백서 『도덕경』 사본은 현재 가장 널리 유통되고 있는 본문인 화정장씨본(華亭張氏本), 왕필주본(王弼注本), 하상공주본(河上公注本) 등과 내용상 큰 차이가 없다. 다만 장(章) 구분이 없다는 점과, 상하가 바뀌어, 흔히 말하는 『덕경(德經)』 부분이 앞에 있고 『도경(道經)』 부분이 뒤에 나온다는 차이가 있을 뿐이다.

백서(帛書)를 정리하여 판독하는 일에 매달린 학자 그룹인 마왕퇴한묘백서정리소조(馬王堆漢墓帛書整理小組)의 보고에 따르면 『도덕경』 백서는 전승을 달리하는 두 종류의 사본(寫本)으로 이루어져 있고, 이들 두 종류의 사본은 자체(字體)가 다르며 필사(筆寫)한 연대도 다소 차이가 있다고 한다. 그들은 시대가 오래된 것을 갑본(甲本), 나중 것을 을본(乙本)이라고 이름 붙였다. 갑본을 을본보다 오래된 것으로 추정하는 근거는 첫째, 갑본은 글씨 모양이 진(秦)시대에 통용되던 소전체(小篆體, 요즘 도장 파는 데 쓰는 글씨체로 전서篆書라고도 한다)이고 을본은 한(漢)시대에 통용되던 예서체(隸書體)다. 둘째, 고대 중국에는 왕의 실명(實

名)을 기피하는 풍속이 있었는데 갑본에는 한고조(漢高祖, BC 206~195 년 재위) 유방(劉邦)의 실명인 '방(邦)' 자가 그대로 나오고 있기 때문에 유방이 왕위에 오르기 이전 것으로 추정되고, 을본에는 유방의 실명인 '방(邦)' 자가 '국(國)'으로 바뀌어 있고 2세 혜제(惠帝, BC 194~187년 재위)와 3세 문제(文帝)의 실명인 '영(盈)'과 '항(恒)'이 기피되지 않고 그대로 나오고 있기 때문에 유방이 즉위한 이후이면서 2세인 혜제(惠帝)가 즉위하기 이전의 것으로 추정된다.

어쨌든 마왕퇴한묘에서 발굴된 『도덕경』 백서에는 하상공(河上公)이 『도경(道經)』이라는 제목을 붙인 부분(왕필은 상편上篇이라고 붙였음)과 『덕경(德經)』이라고 제목을 붙인 부분(왕필은 하편下篇이라고 붙였음)의 순서가 바뀌어 있다. 소위 『도경(道經, 上篇)』에는 도(道)에 관련된 우주론과 본체론을 주로 다루고, 『덕경(德經, 下篇)』에는 덕(德)과 관련된 처세론과 정치론을 주로 다룬다. 그런데 고대의 사본과 후대의 사본에 이 순서가 바뀌어 있다는 것은 『도덕경』의 용도나 성격과 관련하여 상당히 암시적인 요소가 있다. 곧 『도덕경』이 옛날에는 왕이나 고위 관료들이 사용하는 처세와 정치 참고서 같은 역할을 하다가, 시대가 흐르면서 점차 개인의 수양 교과서로 바뀐 것이 아닌가 하는 추측이 가능한 것이다. 백서가 발견된 마왕퇴한묘가 고위 정치관료 일가(一家)의 무덤이라는 것도 『도덕경』이 원래는 '『덕도경(德道經)』'으로, 고위 정치가들이 참고하던 책이었음을 암시해 준다.

또한 한비(韓非, BC 280?~233)와 그 일파의 논저(論著)가 정리된 『한비자(韓非子)』 '해로(解老)' 편에도 『덕경(德經)』에 있는 구절들이 앞에 나오고 『도경(道經)』에 있는 구절들이 뒤에 나온다. 『한비자』가 법치주의를 표방하며 현실 정치에 깊이 참여한 법가(法家)의 산물이라는 점에 비추어 보면『도덕경』이 당시에는 소위 『덕도경』이었으며, 심오한 정치철학이 담긴 '정치 핸드북'으로 자리매김을 하고 있었다는 짐작이 가능하다.

둘째, 앞서 둘째 가름에서 언급한『한서(漢書)』'예문지(藝文志)'에 보이는 도가(道家)에 대한 기록이 그 증거가 될 수 있다. 그 기록을 옮겨 보자.

"도가(道家)라고 하는 사람들은 대개 사관(史官)에서 나왔다. 그들은 일어남과 쓰러짐, 살아남음과 죽음, 화와 복, 그리고 옛날과 지금의 길을 역사적으로 기록했다. 그들은 그런 행위를 통해 일의 핵심을 파악하고 근본을 잡는 것을 알게 되었다. 그들은 욕심 없이 맑게 비움으로써 자신을 지키고, 자신을 낮추고 약해짐으로써 자기를 유지했다. 이것은 임금이 나라를 다스리는 기술이며… 한번 손해를 봄으로써 사방을 이롭게 하는 가르침이다. 이것이 도가(道家)의 장점이었다. 그런데 후대에 책임감 없는 사람들이 이 가르침을 가지고 사회의 질서와 배움까지도 끊어 버리려고 하였고, 어짊[仁]과 의로움[義]까지도 우습게 여기며 내던져 버리려고 하였다. 그러면서 말하기를 '깨끗하게 비우기만 하면 모든 것이 저절로 다스려진다'고 하였다."

물론 도가(道家)에 대한 이런 비판은 유가(儒家)가 득세하고 있던 한(漢)시대에 나온 말이다. 그럼에도 불구하고 '도가(道家)가 사관(史官)에서 비롯되었다'든지 '도가(道家)의 가르침이 원래는 임금이 나라를 다스리는 기술'이었다는 말은 전후 상황으로 미루어 보아 상당히 신빙성 있게 들린다. 또 이 기록을 통해 원래는 현실과 상당히 밀접했던 도가(道家) 사상이 개인적인 은둔피세(隱遁避世) 사상으로 변화하는 움직임이 이미 한대(漢代) 이전에 일어나기 시작했음을 알 수 있다. 『도덕경』이 원래 정치철학서였는데 후대에 개인적인 수양을 위한 텍스트로 변했다고 해도 잘못된 것은 아니다. 어차피 개인의 삶도 정치 행위의 연속이기 때문이다. 자기를 다스리는 것이 모든 참다운 정치의 기본이 된다는 점에서 그렇다.

셋째, 마왕퇴한묘백서가 발굴된 지 20년 후, 1993년에 중국 후베이성 징먼시(荊門市) 궈뎬촌(郭店村)에서 초(楚)나라 시대의 고분이 발굴되었는데 유물 가운데에 804매의 죽간(竹簡)이 포함되어 있었다. 그 죽간 가운데 71매가 『도덕경』과 관련된 도가 계열의 책이었다. 현재 보편적으로 통용되고 있는 왕필본의 2/5 분량이다. 연구자들은 함께 출토된 잔(盞)의 밑바닥에 새겨져 있는 '동궁지사(東宮之師)'라는 글귀로 미루어, 무덤의 주인공이 태자의 교육을 담당했던 당시의 뛰어난 학자였을 것으로 추정한다. 아울러 '곽점초묘죽간본노자(郭店楚墓竹簡本老子)'로 부르는 이 글이 늦어도 BC 400년 이전에 기록된 것으로 본다. 이처럼 후에 왕이 될 태자의 교육을 담당하는 직책을 수행하던 사람의 묘에서 『도덕경』 일부가 발굴되었다는 점도 『도덕경』이 원래 정치철학서였음을 간접적으로 말해 주고 있다.

도가(道家) 사상의 변화와 함께 『도덕경』 본문도 첨삭가감하는 과정을 통해 어느 정도 변형되었다고 본다. BC 5~6세기 무렵에 노자라고 하는 현자가 『도덕경』을 펴냈다고 하더라도, 그의 순수한 창작으로 보기는 어렵다고 말하는 사람이 있다. 『도덕경』 안에 당시 입에서 입으로 전해지던 격언이나 옛글에서 인용한 구절이 상당히 많이 포함되어 있기 때문이다. 故(그러므로)나 是謂(이것을 가리켜)로 시작되는 수많은 구절이 대부분 당시 유통되고 있던 격언이나 옛글에서 인용한 문장이라고 보아도 크게 다르지 않다. 저자 자신이 "人之所敎, 我亦敎之"(인지소교 아역교지, 사람들이 가르치는 바를, 나 또한 그것을 가르치고자 한다)고 말하기도 한다. 그런데 반복해서 읽어 보면 『도덕경』 대부분의 문장이 '나'[我, 吾]를 숨은 주어로 가지고 있다는 것을 느낄 수 있다. 이것은 『도덕경』의 저자가 격언이나 옛 가르침을 단순히 나열한 것이 아니라 자신의 경험과 사유체계 속에서 완전히 녹여 '자기의 말'을 하고 있다는 뜻이다.

　『도덕경』 정본(定本 또는 正本)은 없다. 인쇄술이 발명되기 이전에는 대나무 조각이나 비단 등에 손으로 베끼는 과정을 거쳐 책이 탄생되었기 때문에 바꿀 의도가 없었어도 착오가 발생하여 글자나 내용이 바뀌는 일이 있다. 종교적인 목적, 정치적인 목적 등에 의해 용어의 변동이 생기기도 한다. 그래서 정본이라는 것이 없이 수많은 이본(異本)이 나왔다. 베끼던 사람이 토를 달듯이 여백에 자신의 견해를 적어 놓은 것이 후대에는 본문에 편입되는 경우도 있다. 낱개로 되어 있는 죽간(竹簡, 글을 쓴 대나무 조각)이나 목책(木柵, 글을 쓴 나무 조각)의 배열 순서가 바뀌어 어떤 문장이 전혀 어울리지 않는 이상한 곳에 들어가 있을 수도 있다. 이것은 거의 모든 고문서 사본에 공통되는 상황이므로 『도덕경』

만 그렇지 않다고 말할 수는 없다. 하지만 전문적인 연구가 목적이 아니라면 본문 고증 같은 번잡한 문제는 무시해도 괜찮다. 그렇게 해도 『도덕경』의 전체 메시지를 읽어내는 데에는 아무런 문제가 없기 때문이다.

다섯째 가름 : 노자는 인도의 요가 전통을 알고 있었는가?

중국의 도가(道家) 제1 경전인 『도덕경』과 인도의 요가 고전인 『바가바드 기타』를 함께 읽어 본 독자는 두 책의 메시지가 매우 비슷하다는 것을 느낀다. 『도덕경』에 대해서는 앞에서 대충 살펴보았으므로 여기서는 『바가바드 기타』가 어떤 책인가 잠시 알아보도록 하자.

『바가바드 기타』는 파탄잘리의 『요가수트라』와 함께 요가의 가장 오래되고 중요한 경전으로 인정받는 책이다. 『바가바드 기타』는 원래 『실낙원』의 30배 분량에 달하는, 인간이 남긴 가장 긴 서사시인 『마하바라타(Mahabharata)』(어림잡아 BC 1,400년부터 BC 800년 사이의 바라타 왕조 역사) 제6권에 포함된 일부인데 내용상 하나의 독립된 문헌으로 취급하는 책이다. 저자(편찬자)는 인도의 전설적인 영웅 비야사(Vyasa)라고 하는데, 『도덕경』의 저자가 명확치 않은 것처럼 이 책의 저자 또한 확실하지 않다. 최초 편찬 연대도 확실치 않아서 BC 5세기설도 있고 BC 2세기설도 있으며 심지어는 AD 2세기라고 하는 사람도 있다. 『바가바드 기타』의 역사적인 배경은 대략 다음과 같다.

『바가바드 기타』에 주인공으로 등장하는 아르쥬나는 몰락한 판두 왕국의 다섯 왕자 중에 셋째다. 첫째인 유디스티라는 판두 왕국 절반을 지배하고 있던 사촌 우료다나의 꾐에 빠져 도박으로 나라를 잃었다. 도박의 조건이었던 13년 동안의 유배 생활을 마친 다음, 유디스티라는 자신의 나라를 돌려줄 것을 요청했다. 그러나 우료다나는 그 요청을 거절했고, 왕실 어른들의 중재도 실패로 돌아갔다. 그래서 쿠루 들판에서 사촌 형제들 사이에 전쟁이 벌어지게 되었다. 이웃에 있는 나라들도 두 편으로 갈려 차츰 이 싸움에 끼어들었고, 나중에는 인도 전체가 전쟁의 소용돌이에 휘말리게 되었다. 쿠루 들판에서 벌어진 이 전쟁은 18일 동안 치열하게 계속되었고, 전쟁이 끝났을 때 판두의 다섯 아들과 크리슈나 외에는 살아남은 족장이 거의 없었다.

『바가바드 기타』는 이 결정적인 전투가 막 벌어지려는 찰나에 셋째인 아르쥬나와 크리슈나 사이에서 오간 대화로 이루어져 있다. 드리타라슈트라의 신하인 산야자가 장님인 드리타라슈트라에게 전황을 보고하면서 아르쥬나와 크리슈나의 대화 내용을 전하는 형식을 취하고 있다.

이 전쟁에서 주(主) 크리슈나는 판두 형제의 셋째인 아르쥬나의 전차몰이꾼으로 등장한다. '거룩한 분의 노래'라는 뜻의『바가바드 기타』는 아르쥬나의 전차몰이꾼이 된 크리슈나가 이제 막 동족과 전쟁을 하려고 하는 아르쥬나를 격려하고 가르치는 장면에서 시작된다.

크리슈나는 비슈누 신의 화신이다. 비슈누는 해체와 파괴의 힘으로부터 우주를 보호하고 유지하는 신이다. 크리슈나는 야다바 왕가의 왕자로 이 세상에 출현했다. 그래서 그는 내면의 영적인 힘과 지상의 왕권이 이상적으로 결합된 존재다. 보통사람들은 그를 신분이 귀한 왕자로만 알았다. 하지만 현자들은 크리슈나가 악을 파괴하고 선을 보호하는 힘이 있는 비슈누 신의 화신임을 알았다.

『바가바드 기타』의 전쟁은 크리슈나의 전쟁이 아니라 아르쥬나의 전쟁이다. 크리슈나는 아르쥬나의 전차를 몰면서 적절히 가르치고 충고하는 역할을 한다. 전차몰이꾼은 전사(戰士)보다 지위도 낮고 영예도 덜하지만, 크리슈나는 아르쥬나를 사랑하는 마음에서 기꺼이 그 역할을 떠맡는다. 크리슈나가 맡은 역할인 전차몰이꾼은 전투에는 직접 참여하지 않으면서도 아르쥬나에게 시기적절한 격려와 충고를 하기에는 그만인 자리였다.

왕권을 되찾기 위해서 아르쥬나와 그의 형제들이 싸워야 할 상대는 낯모르는 외국인이 아니라 가까운 친척들이었다. 사촌 형제, 자기들을 길러 준 큰아버지, 어릴 때 자기들을 가르치고 인도해 준 스승과 친척 어른들이 싸워야 할 상대였다. 아르쥬나는 오랫동안 부당한 대우를 받은 큰형 유디스티라가 쿠루 왕가의 적법한 후계자이며, 그를 위해 왕권을 되찾기를 바랐다. 그러나 친척들 사이에 벌어질 전쟁이 얼마나 비참할 것인지 그 결과를 내다보며 번민한다. 그래서 그는 격전이 시작되기 직전, 그날 아침에 크리슈나에게 고뇌에 찬 질문을 던진다. "크리슈나여! 도대체 삶이 뭐길래 이런 전쟁을 해야 한단 말입니까?"『바가바드 기타』는 이 질문에 대한 크리슈나의 대답이다.

크리슈나의 가르침의 핵심은 '결과에 집착하지 않고 행하는 행위'(니쉬카마 카르마, 한문으로는 무착행無着行으로 번역됨)가 신성(神性)을 깨닫는 길로 인도한다는 것이다. 『바가바드 기타』에는 욕망 없이 행하는 행위, 결과를 기대하지 않고 행하는 행위, 이기적인 목적이 없는 행위를 통해 깨달음과 자유에 이른다는 가르침이 수없이 반복된다. 『바가바드 기타』의 이 중심 주제는 『도덕경』의 중심 주제인 '무위(無爲)'와 너무 비슷하다. 무위(無爲)는 행동을 하지 않는다는 소극적인 의미가 아니다. 37장에 나오는 '무위이무불위(無爲而無不爲, 인위적으로 하지 않지만 모든 것을 한다)라는 구절이 보여 주듯이 상당히 적극적인 행위의 뜻이 담겨 있다. 『바가바드 기타』의 '니쉬카마 카르마'와 『도덕경』의 '무위(無爲)'는 너무 비슷하다.

『바가바드 기타』의 가르침은 이렇다. 궁극적인 신성(神性)인 브라흐만 안에 거하는 사람은 모든 집착을 포기하고, 어떤 행위를 하든지 '연잎이 물에 젖지 않는 것처럼' 악에 물들지 않는다. 피해야 하는 것은 행위가 아니라 결과에 대한 집착이다. 결과에 집착하면 욕망에 묶이게 된다. 크리슈나는 아르쥬나에게 욕망에 따르는 행위를 포기할 것을 거듭거듭 요구한다. 크리슈나는 이렇게 말한다.

무엇이 '행위'이고 무엇이 '행위 하지 않음'인가?
이 문제에 대해서는 현자들조차도 혼돈을 겪었다.
이제 내가 행위에 대한 비밀을 가르쳐 주겠다.
이것을 알면 그대는 행위의 굴레에서 벗어나게 되리라. (4.16)

행위가 무엇인지를 이해하기는 어렵다.
그럼에도 불구하고 행위가 무엇인지를 알아야만 한다.
또한 무엇이 잘못된 행위이며

무엇이 행위를 하지 않음인지도 알아야만 한다. (4.17)

행위를 하면서도 인위적으로 함이 없이
무위(無爲)로 행위 하는 사람이 지혜로운 사람이다.
그들은 요가로 제어된 의식 상태에서
모든 행위를 한다. (4.18)

현자들은
목적이나 결과에 집착하지 않고 행동하는 사람,
진리를 이해하는 지혜의 불에
자신의 이기적인 욕망을 완전히 태워 버린 사람을
지혜로운 사람이라고 부른다.
결과에 집착하지 않고 행위 하는 사람은
결과에 따라 울고 웃지 않는다.
그는 어떤 결과에도 만족한다. (4.19-20)

결과를 기대하지 않고,
자기 이익에 대한 욕망을 포기하고,
아트만 상태에 머물면서
육체가 이런저런 행동을 하는 사람은
무엇을 해도 잘못이 없다.
선과 악, 좋고 싫음의 이원적인 분별과
욕망으로부터 자유로워진 사람은

순간순간의 만족과 자유를 누린다.

그들은 성공과 실패를 구별하지 않고,

행위의 결과가 어떠하든지 항상 만족한다.

따라서 그들은 행위를 하지만 행위에 구속되지 않는다.

그들의 생각과 마음은 이기적인 집착에서 벗어나

아트만을 아는 지혜 속에 안주한다.

그들은 모든 행위를 신께 드리는 제물로 여기기 때문에

무엇을 해도 그 행위의 영향을 받지 않는다. (4.21-23)

『도덕경』과 『바가바드 기타』는 '무위(無爲)'와 '니쉬카마 카르마'라는 중심 주제의 비슷함 말고도 유사한 가르침이 많다. 지혜 또는 깨달음의 중요성, 무지의 가치, 비싸고 귀한 것을 얻으려고 애쓰지 말 것, 근원으로 돌아옴, 근원의 깊고 오묘함, 고요함을 지킴, 전쟁의 목적과 군인의 의무 등에 대한 가르침이 주제도 같고 내용도 너무 비슷하다. 『도덕경』이 마치 『바가바드 기타』의 축약판처럼 보일 정도다.

비슷한 이미지나 비유가 사용된 경우도 상당히 많다. 크리슈나는 "불이 연기에 가려지고, 거울에 때가 끼어 더러워지듯이, 그리고 태아가 막으로 덮여 있듯이 지혜가 욕망으로 가려져 있다."(3장 38절)고 말하며, 노자는 "마음을 깨끗이 닦아 티끌 하나 없게 할 수 있는가?"(10장)라고 묻는다. 더 나아가 크리슈나는 "감각의 문을 닫고, 마음을 가슴에 모아서 … 요가의 집중하는 명상을 행하라."(8장 12절)고 명하며, 노자는 "감각적 쾌락을 멀리하고 외부로 향하는 반응을 자제하라(塞其兌閉其門, 문자적으로는 '그 구멍을 막고, 그 문을 닫아라')"(52장)고 말한다. '塞其

兌閉其門'이라는 구절은 56장에서도 글자 하나 바뀌지 않고 반복된다. 그래서 『도덕경』을 연구하는 학자들 중에는 이 구절을 다른 문헌에서 따온 인용문으로 보는 사람이 많다. 또 "호흡을 극도로 부드럽게 하여 어린아이처럼 생생할 수 있는가?"(10장)라는 구절은 후에 도가에서 발전시킨 호흡 수련인 조식법(調息法)과 관련이 있는데, 요가의 호흡 수행법인 '프라나야마'와 너무 비슷하다.

『도덕경』과 『바가바드 기타』의 주제와 내용이 비슷하다고 해서 『도덕경』의 저자가 『바가바드 기타』를 놓고 그것을 한문으로 번역했다고 주장하는 것은 아니다. 『바가바드 기타』와 『도덕경』은 서로 다른 자기만의 독특한 문체와 사회적, 종교적 특징을 가지고 있다. 『바가바드 기타』는 영적인 수행자의 안내서로 나온 책인데 반해, 『도덕경』은 급변하는 사회, 정치 상황에 대한 종교 철학적인 반성의 결과로 나온 책이다. 그래서 결론이 매우 다르다. 『바가바드 기타』는 신성(神性)과의 합일을 통한 자유를 강조하지만, 『도덕경』은 올바로 정치하는 방법과 사회에서 조화로운 삶을 사는 법을 강조한다. 『바가바드 기타』와 『도덕경』은 목적과 배경 설정이 다르다. 『바가바드 기타』는 이 세상 이야기를 통해 영적인 수행 지침을 주려는 목적을 가지고 있고, 『도덕경』은 영적인 이야기인 듯한 가르침을 통해 이 세상에서 조화롭게 사는 법을 전하려는 목적을 가지고 있다.

이렇듯 기본적인 차이가 있지만 『도덕경』과 『바가바드 기타』 사이에는 유사한 부분이 상당히 많다. 그 이유가 무엇일까? 이에 대한 가장 그럴듯한 설명은, 『바가바드 기타』가 인도 전역으로 구전되던 무렵 동쪽으로도 퍼져 나가 중국에까지 전해졌으며, 『도덕경』의 저자가 그 내용을 잘 알고 있었으리라는 것이다. 『바가바드 기타』는 책으로 편집된 시기도 『도덕경』보다 이르며, 내용의 뼈대가 되는 요가에 대한 가르침은 BC 3,000년 전부터 입에서 입을 통해 인도 전역으로 퍼졌다. 그것이 동쪽으로 전해져 중국에까지 이르렀다는 것은 결코 무리가 없는 추측이다. 입에서 입을 통해 전해질 때 인상적인 표현이나 특이한 구절은 원래의 형태를 잃지 않고 전해지는 것이 보통이다. 우리가 『도덕경』에서 찾을 수 있는 『바가바드 기타』의 흔적이 바로 그런 것들이다.

『바가바드 기타』와 비슷한 시기에 나온 파탄잘리의 『요가수트라』에는 여러 분파로 발전된 요가의 수행법이 체계적으로 정리되어 있어서, 당시에 이미 여러 체계의 요가 수행법이 완성되어 있었음을 알 수 있다. 그렇게 완성되기까지 상당히 오랜 세월이 걸렸을 것은 당연한 일이다. 반면에 요가의 수행법과 용어만 다르지 내용과 체계가 너무나도 비슷한 도교의 수행법은 『도덕경』 이후에, 그것도 AD 1세기 무렵 인도에서 불교가 전래된 다음부터 체계적으로 발전했다. 그 이전엔 이렇다 할 수행법으로 체계화된 것이 없었다. 이런 정황으로 미루어 보아 『도덕경』의 저자가 요가의 가르침을 알고 있었다고 추측하는 것이 결코 억지는 아니다. 물론 서로 떨어진 두 세계에서, 서로 다른 시대에, 인간과 우주에 대한 동일한 깨달음에 도달한 것이라고 볼 수도 있다. 하지만 고립된 세계는 예나 지금이나 존재하지 않는다. 두 책이 보여 주는 가르침의 비슷함과 수행법의 유사성은 계속 고개를 갸웃거리게 만든다.

요가의 수행 체계와 도교의 수행 체계는 같은 근원에서 나온 것이 분명하다. 생명 에너지인 도교의 기(氣)와 요가의 프라나, 에너지 저장 창고인 단전(丹田)과 차크라, 에너지 통로인 임맥(任脈)-독맥(督脈)과이다-핑갈라, 생명 에너지의 정수(精髓)인 정(精)과 쿤달리니, 생명 에너지를 응축시키기 위해 들숨과 날숨을 조절하는 조식(調息)과 프라나야마, 육체를 명상에 적합하게 만드는 도인법(導引法)과 아사나, 깨달음의 절정에서 경험하는 정수리에서 천화(天花)의 흩날림과 사하스라라 차크라에서 천 개의 꽃잎을 가진 연꽃이 피어남 등 같거나 비슷한 점을 열거하자면 끝이 없을 정도다. 물론 아무리 비슷하다고 하더라도 꼭 이것이 저것에서 왔다고 말할 수는 없으며, 그렇지 않을까 추측만 할 뿐이다. 언젠가 유물과 유적의 발굴과 분석이 이러한 추측을 사실로 증명해 줄 수 있을지 모르겠다.

둘째 마당 : 노자의 깨달음

첫째 가름 : 모양도 없고 성질도 없는 도(道)가
천하 만물의 근원이다

노자가 살던 시대는 춘추시대 끝 무렵(BC 5~6세기경)이다. 그때 중국 사람들은 하늘이 모든 것을 지배한다는 천명관(天命觀) 속에서 살고 있었다. 하늘에는 가장 높으신 하느님[上帝]이 계셔서 그가 만물을 지어내고 운명을 정하고 다스린다는 믿음을 가지고 있었다. 그래서 사람들은 임금부터 신하와 백성에 이르기까지 하느님을 우러러 높이며, 무슨 일이 있을 때마다 하늘에 제사드리고 기도했다.

　그러나 믿음과 현실은 때때로 갈등을 일으킨다. 착한 사람이 재앙을 만나는가 하면 나쁜 사람이 높은 자리에서 영화를 누린다. 고생하며 일하는 백성은 추위에 떨고 굶주림으로 고통스러워하는가 하면 빈둥빈둥 놀면서 호화로운 생활을 하는 사람들도 있다. 과연 하느님은 있는가? 하느님이 있다면 어찌 이런 일이 벌어질 수 있는가? 이런 여러 가지 모순과 갈등 속에서 사람들은 하느님의 존재와 권위를 의심하게 된다. 노자는 생각한다. 천지를 만들어 낸 하느님이 존재하지 않는다면, 그리고 하느님이 세상을 이끌어가는 힘이 없다면 천지는 어떻게 생겨난 것이며 또 어떻게 움직여가는 것일까?

천지만물은 자기만의 모양과 성질을 가지고 있다. 만물의 모양과 성질은 너무 다양하고 미묘하여 인간의 생각으로는 미루어 짐작하기도 어렵다. 하늘을 나는 것이 있는가 하면 땅 위를 기는 것도 있고, 물속에서 헤엄치는 것이 있는가 하면 들판을 달리는 것도 있다. 음인 것도 있고 양인 것도 있으며, 음도 아니고 양도 아닌 것이 있는가 하면 음이기도 하고 양이기도 한 것도 있다. 만물의 성질은 이렇게 거의 무한하다. 날개가 있는 것, 털이 있는 것, 껍질로 덮여 있는 것, 뿔이 난 것, 땅에 뿌리를 내리고 움직이지 않는 것, 꼬리가 있는 것 등 모양도 거의 무한대로 많다. 그렇다면 무한한 모양과 성질을 가지고 있는 만물을 낳는 존재는 모양도 없고 성질도 없으며, 한정이나 다함이 없는 것이어야 하리라. 사람의 모양과 성질을 가지고 있으면 소나 말을 낳지 못하고 사람만을 낳는 것처럼 자신의 모양과 성질에 한정된 것만 나올 수밖에 없을 것이기 때문이다.

그것이 대체 무엇일까? 말로는 표현하기 어렵다. 그것은 모양이 없기에 보이지 않으며, 소리가 없기에 들리지 않는다. 형체가 없으니 손으로 만질 수도 없고 성질이 없으니 어떻다고 표현할 수도 없다. 그것은 다만 마음으로 체득할 수 있을 뿐이다. 그렇긴 해도 다른 사람에게 이 이야기를 해 주려면 어떻게든 말로 표현해야 할 텐데 그것을 무어라 부르면 좋을까? 그것은 모양도 없고 성질도 없지만 작용하는 바는 분명히 있다. 하늘과 땅이 생기고, 만물이 생성되며 변화하는 모든 것이 그것의 작용이다.

그렇다면 그것을 임시로 '길[道]'이라고 부르기로 하자. 왜? 그것은 길과 같으니까. 길이 있다면 사람이나 동물이 그 위를 걸어서 여기서 저기로 간다. 물건도 길을 따라 여기서 저기로 운반된다. 길을 따라 상태의 변화가 일어나는 것이다. 모양도 없고 성질도 없는 그것은 우주 전체에서 길과 같은 역할을 한다. 그것은 아무것도 없는 데서 하늘과 땅이 생기게 하고, 하늘과 땅에서 만물이 생기게 한다. 이 상태에서 저 상태로 변화하게 하는 것이다. 그러니 마치 큰길과 같지 않은가?

이리하여 노자는 하늘과 땅을 생기게 하고 만물을 낳고 기르는 그것, 모양도 없고[無形], 성질도 없고[無性], 한계도 없고[無限], 다함도 없는[無盡] 그것, 말로는 도저히 표현할 수 없는 그것을 '길[道]'이라고 부르게 되었다.

노자는 또 생각한다. 그렇다면 길[道]을 무어라고 설명할 것인가? 역시 똑 떨어지게 설명할 수가 없다. 새로운 것을 알아차릴 때에는 이미 알고 있는 것을 토대로 미루어 짐작하는 법이다. 그러나 길[道]은 모양도 없고 성질도 없으며 시작도 없고 끝도 없어서 상상의 영역을 넘어서 있다. 도저히 그것 자체를 설명할 방법이 없다. 그러니 그것과 비슷한 것에 비유해서 이해시킬 도리밖에 없겠다.

길[道]을 물에다 비유해 보자. 물은 일정한 모양이 없다. 그릇에 담기면 그릇 모양이 되고 호수에 담기면 호수 모양이 된다. 일정한 모양이 없기 때문에 어떤 모양으로도 될 수 있다. 물은 또 끊임없이 흐르면서 만물에게 이로움을 준다. 그러니 길[道]과 비슷하지 않은가.

하지만 길[道]이 꼭 물과 같다고 볼 수는 없다. 물은 일정한 모양은 없으나 땅을 떠나서는 존재할 수 없기 때문이다. 이 점에서 길[道]은 물과 다르다. 길[道]은 아무것에도 의지하지 않고 스스로 존재하기 때문이다.

그러면 공기에 비유해 보자. 공기는 길[道]과 아주 비슷하다. 하늘이나 땅 어디에도 의지하지 않고 공간을 유유히 떠돌며 일정한 모양도 없다. 네모난 방에 들어가면 네모라고 할 수 있고 공 속에 들어가면 둥그렇다고 할 수 있다. 어떤 모양도 지니고 있지 않기 때문에 무슨 모양이든 될 수 있다. 그러니 길[道]과 비슷하지 않은가.

길[道]은 공기처럼 모양이 없지만 어떤 모양으로도 될 수 있다. 길[道]은 공기처럼 그 움직임과 작용이 그치는 법이 없다. 그것은 그 안에 음 기운과 양 기운이 들어 있기 때문이다. 양 기운은 올라가려고 하고 음 기운은 내려오려고 한다. 길[道] 안에 이 두 기운이 얽혀서 작용하고 있기 때문에 그 활동이 멈추지 않는 것이다. 이윽고 두 기운이 서로 나누어진다. 밝고 가벼운 양 기운은 위로 올라가고 어둡고 무거운 음 기운은 아래로 가라앉는다. 위로 올라간 맑은 기운은 흩어져서 하늘이 되고, 아래로 가라앉은 흐린 기운은 엉켜서 땅이 된다. 이리하여 하늘과 땅이 생겨났다.

하늘과 땅이 생긴 다음에는 땅과 하늘의 음양 기운 조화로 만물이 생육 번성하게 되었다. 하늘과 땅과 만물을 생기게 한 길[道]은 하늘과 땅과 만물 안에 충만하게 깃들어 있다. 천지만물 안에 길[道]이 충만하게 깃들어 있지만 천지만물이 길[道]은 아니다. 천지만물은 모양이 있으며, 모양이 있는 것은 다함[盡]이 있다. 하지만 길[道]은 모양이 없고 시작도 끝도 없다. 천지만물은 길[道]에서 나와서 수명을 다하면 다시 길[道]로 돌아간다[反]. 그러므로 길[道]은 모양도 없고, 성질도 없고, 시작도 없고, 끝도 없는 모든 것이 혼재되어 있는 근원이다. 이렇게 깨달은 노자는 말한다.

하늘과 땅이 있기 전에
무언지 알 수 없는 그 무엇이 있었다.
그것은 소리가 없어 들을 수도 없고
모양이 없어 볼 수도 없으나,
다른 것에 의지하지 않고
홀로 우뚝 서서 변하지 않는다.
그것의 영향력은 미치지 않는 데가 없고
움직이지도 멈추지도 않는다.
그러므로 만물의 어미라 할 만하다.

사람의 상대적인 개념으로는
그것에 이름을 붙일 수 없다.
그래서 나는 그저 '도(道)'라고도 하고,
마지못해 '큰 것'이라고도 한다.

(제25장)

크고 온전한 힘은
오직 도(道)를 따를 때 나온다.

우주의 본질인 도(道)는

미묘하여 파악하기 어렵다.

미묘하고 신비로운 그 안에

만물의 형태와 모양이 깃들어 있다.

신비하고 미묘한 그 안에

온갖 만물이 깃들어 있다.

그윽하고 어두운 그 안에

생명의 근원인 정기(精氣)가 있다.

생명의 정기(精氣)는 상상이 아니다.

실제로 존재하는 확실한 실재이다.

도(道)는 태초부터 지금까지

영원히 변치 않고 존재하면서,

온갖 것을 낳아 기르고 있다.

내 어찌 만물의 근원을 알겠는가?

다만 그러함을 앎으로써 알 수 있을 뿐.

(제21장)

　　노자의 이런 우주관을 '원시혼성설(原始混成說)'이라고 한다. 노자의
원시혼성설은 칸트와 라플라스가 주장한 '원시성운설(原始星雲說)'과
아주 비슷하다. 우주가 원래는 수많은 입자로 이루어진 구름이거나 뜨
거운 기운 덩어리였으며, 시간이 흐르면서 차츰 입자들끼리 끌어당기

거나 회전하는 힘에 의해 중심이 형성되고, 그것이 점차 커져서 해와 달과 별이 되었다는 주장이 원시성운설이다. 원시성운설은 과학의 진보에 따라 몇 가지 모순점이 지적되기는 하였지만, 그 기본 사상은 현대 천문학까지 그대로 전수되고 있다. 원시성운설의 가장 두드러진 특징은 뉴턴 물리학에서 마지막 가정으로 인정하던 신(神)이 사라지고 우주 스스로 운동하고 있다고 본 점이다. 한데 노자는 칸트와 라플라스보다 2천 5백 년이나 앞서서 인격신(人格神) 개념을 넘어선 가르침을 폈다.

인격신(人格神)에 대한 의존을 넘어가는 것은 일종의 관념의 비약이다. 중국에서는 노자가 처음으로 이 비약의 대열에 뛰어들었고, 고대 인도에서는 BC 10세기에서 BC 5세기 사이에 『우파니샤드』 철학자들에 의해 이런 비약이 일어났다. 『우파니샤드』는 우주의 궁극적인 근원을 '브라흐만'이라고 부른다. 『우파니샤드』는 말한다. "브라흐만은 거칠지도 않고, 미세하지도 않으며, 짧지도 않고, 길지도 않다. 브라흐만은 볼 수도 없고, 들을 수도 없으며, 만질 수도 없다. 그림으로 그릴 수도 없으며, 무엇에 비유할 수도 없다. 이 브라흐만이 우주의 뿌리이며, 브라흐만에서 천지만물이 나왔다."

**둘째 가름 : 성스러움과 지혜로움을 버리면
뭇사람의 이익이 백배나 더 한다**

노자는 생각한다. 도(道)는 기운을 머금고 있는 구름처럼 혼돈한 상태에 있다. 손도 없고 발도 없으며, 머리도 없고 어떻게 하려는 꾸밈도 없다. 다만 스스로의 변화에 따라 하늘과 땅을 낳고 만물을 기른다. 이것이 도(道)의 본성이다. 도(道)의 이런 본성을 무어라고 부를까? 스스로 그러하니 '자연(自然)'이라고 할까? 하고자 함이 없으면서도 모든 것을 하니 '무위(無爲)'라고 할까? 아니, 이 둘을 합쳐서 '무위자연(無爲自然)'이라고 할까?

천지만물은 무위자연 상태로 존재하고 변화한다. 하늘은 무엇을 하고자 하는 마음이 없으며, 저절로 천둥이 치고 번개가 번쩍이며 바람이 불고 비가 온다. 땅도 꾸민 마음이 없다. 저절로 초목이 돋아나고 오곡이 영근다. 새는 행글라이더나 패러글라이더가 없이도 아무 생각 없이 하늘을 날고, 물고기는 스쿠버가 없이도 자연스럽게 물속에서 노닌다. 사람도 마찬가지다. 굳이 일부러 노력하지 않더라도 발은 자연스럽게 땅을 딛고 손으로는 이것저것 붙잡는다. 모양도 다르고 성질도 다른 천하 만물이 모두 자신의 본성에 따라 무위자연으로 움직이는 것이다.

산이 자신의 본성을 거스르고 물처럼 흐르려고 하면 어떻게 될까? 강이 산처럼 높이 솟구치려고 하면 어떻게 될까? 새가 물고기 흉내를 내고 물고기가 새처럼 되려고 하면 어떻게 될까? 사람이 자신의 본성을 저버리고 구름 위에서 살려고 한다면 어떻게 될까? 헛되이 몸과 마음만 피곤하게 만들뿐 아무런 이로움도 없으리라.

돌은 산에 있으면 산을 따르고 강에 있으면 강을 따른다. 나무는 북쪽에 심으면 북쪽에 서고 남쪽에 심으면 남쪽에 선다. 동물들은 배고프면 먹고 목마르면 마시며 추우면 양지바른 곳을 찾고 더우면 그늘로 들어간다. 지혜와 의지력을 함께 가지고 있는 인간만이 자신의 본성을 저버릴 위험을 안고 있다. 사람은 눈으로 보고 귀로 들으며 입으로 맛보고 코로 냄새를 맡으며 손으로 물건의 느낌을 안다. 이것은 사람이 타고난 본성이므로 탓할 일이 아니다. 예쁜 것을 보고 싶고, 아름다운 소리를 듣고 싶으며, 맛있는 음식을 먹고 싶고, 좋은 냄새를 맡고 싶으며, 부드러운 것을 만지고 싶어한다. 이 또한 사람이 타고난 본성이니 탓할 일이 아니다. 문제는 욕심을 부리는 데서 생긴다. 가난하니 잘살고 싶다. 그래서 훔친다. 더 높은 자리에 올라가고 싶다. 그래서 속인다. 훔치고 싶지만 다른 사람의 눈 때문에 훔칠 수 없으면 사람을 해치고서라도 훔친다. 더 높이 올라가고 싶은데 위에 이미 다른 사람이 있어서 올라갈 수 없으면 중상모략을 해서라도 그 자리로 올라가려고 한다. 기력이 소진되어 발기가 되지 않는데도 감각적 쾌락을 즐기려고 비아그라니 뭐니 하면서 야단법석을 떤다. 충분히 먹어 배가 부른데도 더 먹으려고 한다. 모름지기 과식하는 동물은 사람밖에 없다. 어째서 이처럼 본성을 거스르는 행동을 하게 되는가? 노자는 그 원인을 인간의 알량한 앎[知]에서 찾는다.

노자가 살던 춘추시대 끝 무렵은 이어지는 전쟁과 기근으로 사회가 극도로 혼란한 상태였다. 노자는 인간의 앎과 욕심이 그런 상황의 원인이라고 설파했다. 그래서 '성스럽다느니 지혜롭다느니 하는 분별심을 버려라. 그러면 뭇사람의 이익이 백배나 더하리라(絶聖棄智民利百倍)'(제19장)고 가르쳤다.

천하 만물과 자신의 본성을 깨닫는 것이 지혜다. 그리고 자신의 본성에 따라 사는 사람이 성스러운 사람이다. 그런데 노자는 성스러움을 끊고[絶聖] 지혜를 버리라[棄智]고 한다. 이해하기 어려운 대목이다. 하지만 모든 것이 그러하듯이 지혜로움이나 성스러움에도 양면성이 있다. 말로는 같은 지혜라도 본성을 깨닫는 참다운 지혜가 있는가 하면, 본성에 거스르는 일만 궁리하는 거짓 지혜도 있는 법이다. 노자가 끊고 버리라고 하는 것은 바로 거짓 지혜, 거짓 성스러움이다. 참다운 지혜는 전체에 대한 깨달음이고 거짓 지혜는 머리에서 비롯되는 분별심이다. 노자는 잔머리를 굴려 짜내는 알음알이를 버리라고 가르친 것이다.

도가(道家)의 수행법 중에 '척제현람(滌除玄覽)'이라는 것이 있다. '척제'란 마음을 깨끗이 하고 바깥 사물에 대한 머리의 지식을 지워 없애는 것을 말한다. '현람'은 만물의 깊고 오묘한 본성을 꿰뚫어 터득하는 것을 말한다. 만물의 외적인 모양과 성질은 본성에 따라 나타난 '현상'이지 그것이 본성은 아니다. 만물의 근원이자 바탕은 모양도 없고 성질도 없는 혼돈 상태의 도(道)이다. 따라서 현상에서 눈을 떼지 못하면 본성을 깨닫지 못한다. 사람의 지식은 외적인 현상에 대한 경험의 집적이다. 거기에 의존하고 있는 동안에는 본성을 보지 못한다. 그러나 외적인 현상에 대한 경험의 집적인 지식을 버리고 사물의 본성을 터득하면 만물이 차별도 없고 다르지도 않다는 것을 안다.

본성을 꿰뚫어 터득하고 나면 높은 산도 높지 않고, 큰 바다도 넓지 않으며, 무서운 호랑이도 무섭지 않다. 모두가 동일한 근원인 도(道)에서 나와 자신의 본성에 따라 스스로 움직이고 변화하다가 마지막에는 다시 도(道)로 돌아갈 것이다. 이것이 '늘 그러함[恒, 常]'이다. 머리의 분별심을 버리고, 껍데기에 홀리지 말며, '늘 그러함'을 알아차리고, 늘 그러한 본성에 거슬러 무엇을 억지로 하려고 하지 말고, 스스로 그러한

[自然] 본성에 따르라는 것이 노자의 메시지이다. 참 지혜를 버리라는 말이 결코 아니다.

노자는 말한다.

> 학문적인 지식은 배우면 배울수록
>
> 아는 것이 늘어 머리가 복잡해지지만,
>
> 우주의 근원인 도(道)를 따르는 사람은
>
> 하루하루 마음을 비워 단순해진다.
>
> 비우고 또 비우면,
>
> 인위적인 욕망이 없이 행하는 단계에 도달한다.
>
> 이 단계에 도달하면,
>
> 억지로 애쓰지 않아도
>
> 모든 것이 조화롭게 이루어진다.
>
> (제48장)

'인위적인 욕망이 없이 행하는 것[無爲]'이 도(道)에 따르는 것이다. 도(道)의 스스로 그러한[自然] 이치를 따르지 않고 욕심을 부리는 것이 무리(無理)다. 인간의 모든 고통은 무리(無理)함에서 비롯된다. '성스럽다느니 지혜롭다느니 하는 분별심을 버려라. 그러면 뭇사람의 이익이 백배나 더하리라(絕聖棄智民利百倍)'는 노자의 가르침은 분별심에서 집착이 생기고, 집착함으로써 고통이 따라오기 때문에 분별심과 집착을 버려야 고통에서 벗어나 자유로운 경지에 도달한다는 붓다의 가르침과도 맥이 통한다.

셋째 가름 : 어짊[仁]과 옳음[義]을 버리고
도(道)로 돌아가라

예의제도(禮儀制度)는 BC 21세기 무렵 하(夏) 왕조에서 시작하여 상(商) 왕조를 거쳐 주(周) 왕조로 전해졌으며, 주 문왕의 아들 주공(周公)이 제도를 정비하여 체계화하였다고 한다. 예의제도는 겉으로는 제사에 관련된 의식절차처럼 보이지만, 실제로는 인간관계를 조정하는 눈에 보이지 않는 규율이다. 예제(禮制)의 알맹이는 '어짊[仁]'과 '옳음[義]'이다. 인의(仁義)를 체득한 사람만이 자발적으로 예의를 지킬 수 있다. 인의(仁義)를 모르면 인간의 도리를 지키지 못하고 짐승같이 살 수밖에 없다. 그래서 알고 모르고가 중요한 문제로 떠오르면서, 인의(仁義)를 아는 '지혜[智]'가 중요한 덕목이 된다. 인·의·예·지(仁·義·禮·智)를 올바로 이해하고 몸소 행하는 일을 '바른 실천[信]'이라고 하며, 인의예지신(仁義禮智信)을 인간의 행위를 규정하는 5대 원칙으로 받아들였다.

　인·의·예·지·신이란 무엇일까? 이에 대한 설명과 해석은 산더미처럼 많다. 그중에서 아주 간결한 진순(陳淳, 1159~1223)의 설명을 들어보도록 하자. 진순은 당송시대(唐宋時代)의 대학자였던 주희(朱熹, 1130~1200)의 뛰어난 제자였다. 그는 스승 주희의 가르침을 정리하여 『북계수의(北溪守義)』라는 책을 펴냈는데, 그 안에서 다음과 같이 말하고 있다. "인·의·예·지·신은 다섯 가지 도리이다. 인(仁)이란 서로 사랑하는 것이다. 의(義)란 하는 짓이 도리를 벗어나지 않는 것이다. 예(禮)란 정중하게 서로 공경하는 것이다. 지(智)란 옳고 그름을 아는 것이다. 신(信)이란 성실하고 정직하게 일을 처리하고 행동하는 것이다."

그런데 문제는 이 다섯 가지 덕목이 모두 상대적이라는 데 있다. 인·의·예·지·신 중에 그 어느 하나도 절대적인 것이 없다. 자기 자식에게는 사랑의 행위가 되지만 바로 그 행위로 다른 집 자식이 피해를 보는 경우가 있다. 똑같은 것이 이 사람에게는 옳은 것이지만 저 사람에게는 그른 것일 수도 있으며, 맞는 것이 될 수도 있고 맞지 않는 것이 될 수도 있다. 이 나라에서 예절 바른 행동이 저 나라에 가면 수치스러운 행동이 될 수도 있다. 그러므로 인·의·예·지·신은 어느 특정한 시대에 특정한 범위 안에 사는 사람들에게 요구되는 '상대적인 덕목'이라는 점을 명확히 이해해 둘 필요가 있다. 상대적인 덕목이라는 말 속에는 인위적으로 자기 처지에 맞게 규정한 덕목이라는 뜻이 포함되어 있다.

노자는 인·의·예·지·신이나 충효(忠孝) 같은 인위적인 덕목이 강조되는 이유는 사람들이 본바탕인 도(道)에서 떠났기 때문이라고 한다. 노자는 말한다.

인간이 자연스러운 도(道)에서 떠나면
사랑이니 정의니 하는
인간관계에 대한 상대적인 규범이 생기기 시작한다.
인간이 지혜를 짜내기 시작하면
위선과 가식이 생겨난다.
가족 간에 화목이 깨지면
효도다 사랑이다 하는 인위적인 규범이 생기기 시작한다.
충신이란 것도 나라가 어지럽게 되니 있게 된 것이다.

(제18장)

도(道)에서 떠나면

자신의 진정한 본성을 지키지 못한다.

그러면 사람들은 고귀한 품성[德]을 강조한다.

고귀한 품성이 메마르면

사람들은 인간적인 사랑[仁]에 호소한다.

인간적인 사랑이 메마르면

사람들은 올바른 양심[義]에 호소한다.

올바른 양심마저 사라지면

사회적인 윤리 규범[禮]이 강조된다.

사회적인 윤리 규범은

공정함과 신실함이 사라졌을 때 강조된다.

그러므로 윤리 규범이 강조되면

이미 사회적인 혼란이 심각한 지경에 달했다는 증거이다.

(제38장)

중국어로는 '득(得)'과 '덕(德)'의 발음이 같다. 만물의 형상이나 성질
은 모두 도(道)에서 얻은[得] 것이고, 도(道)를 따른 결과로 생기는 것이
덕(德)이다. 덕(德)은 사람이 인위적으로 무엇을 해서 얻는 것이 아니
다. 자연에 따르는 삶에서 저절로 나오는 것이다. 그런데 자기 처지를
기준으로 인위적으로 인의예지신이라는 것을 규정해 놓고 그것을 덕
목(德目)이라고 한다면 잘못되어도 한참 잘못된 것이다. 진정한 도(道)
와 덕(德)이 사라지면 인위적인 사랑[仁]과 정의[義]에 호소하게 된다.

그러지 않으면 사회질서를 유지할 수 없기 때문이다. 그러므로 사랑과 정의가 강조되는 사회는 이미 자연스러운 도(道)와 덕(德)에서 멀어졌다고 보아도 틀림이 없다. 인위적인 사랑과 정의는 앞서 말했듯이 상대적인 성격을 가지고 있기 때문에 저마다 자기 소리를 내게 되고, 그로인해 사회는 점점 더 혼란으로 빠져들게 된다.

사랑과 정의는 눈에 보이지 않는 것이다. 그래서 사람의 욕심 때문에 사랑과 정의도 실행하기 어렵다는 것을 느낄 때쯤이면, 겉으로 보이는 행위로 사람들의 행동을 규제하기 위해 '윤리 규범[禮]'이라는 것이 나온다. 그러므로 윤리 규범이 강조되는 사회는 이미 사랑과 정의가 사라진 사회라고 보아도 틀림이 없다. 사회가 이 정도가 되면 자기가 정해 놓은 규범을 지키지 않는다고 서로 다툼이 일어나기 마련이다. 사람과 사람이, 조직과 조직이, 나아가서는 나라와 나라가 이 문제를 놓고 싸운다. 심지어는 군사를 동원하여 사람을 죽이는 전쟁을 하면서도 군례(軍禮)라는 것을 내세운다. 이 얼마나 거짓된 짓인가.

노자는 인위적인 규범을 버리고 진정한 본성으로 돌아가라고 외친다. 꾸미지 않고, 속이지도 않으며, 지나친 욕심을 부리지 않고 본성에 따라 자연스럽게 사는 것이 진정한 덕(德)이라고 말한다. 이렇게 하면 좋겠다 아니면 저렇게 하면 좋겠다고 아무리 꾀를 부려 보아도 자연스러움에서 멀어질 뿐 득(得, 德)될 것이 없다는 것이다. 노자는 도(道)에 따라 사는 사람의 이상형을 갓난아이에 비유한다.

도(道)의 힘인 덕(德)이 두터운 사람은
갓난아이와 같다.

(제55장)

자신에게 수컷의 강함이 있음을 알면서도
암컷의 부드러움을 지키는 사람은
시냇물이 된다.
시냇물은 거꾸로 흐르는 법이 없다.
늘 낮은 곳으로 흐르며
만물을 이롭게 한다.
마찬가지로 시냇물처럼 된 사람은
언제나 자신의 본성을 따라 살면서
만물을 이롭게 한다.
그렇게 함으로써 갓난아이와 같은
순수함으로 되돌아간다.

(제28장)

갓난아이처럼 되라는 것은 아무것도 알 필요도 없고, 아무것도 할
필요도 없다는 뜻이 아니다. 꾀를 써서 속이거나 꾸미지 말고 본성에
따라 자연스럽게 살아가라는 뜻이다. 이렇게 살아가는 것을 '무위(無
爲)'라고 한다. 임금에서 백성에 이르기까지 모든 사람이 이런 삶을 산
다면 사랑이니 정의니 윤리 규범이니 하는 것들이 무슨 필요가 있겠
는가?
　노자가 반대한 것은 본성에서 우러나오는 자발적인 인의예지신이
아니라, 인위적으로 꾸민 거짓된 인의예지신이다. 역사책을 보라. 인의

(仁義)를 강조하던 시대에 무슨 일이 일어났는가? 온통 인의(仁義)를 저버린 일들의 연속이 아니던가? 인의(仁義)에 대한 개념은 주(周) 왕조 초기부터 존재하고 있다. 그러다가 춘추 말기에 공자가 적극적으로 주창한 다음부터 하나의 사상으로 체계를 잡아가기 시작한다. 이 가르침을 따르는 사람들이 이른바 유가(儒家)인데, 이들은 한대(漢代)에 이르러 사상계를 지배하게 된다. 유가가 제시한 윤리 덕목은 사람들의 언행을 규제하는 규범이 되었고, 단순한 가르침에서 법령으로까지 발전했다. 이러한 유가의 덕목은 인간을 야만 상태에서 문명 상태로 끌어올리는 긍정적인 역할을 했다. 이 관념에 따라 인간적으로 모범이 되는 훌륭한 삶을 산 사람들이 수없이 많이 나왔다.

하지만 시대가 흐르면서 예의(禮儀)가 인간의 근본적인 욕구를 완전히 억압하는 지경으로까지 발전한다. 그들은 예의(禮儀)란 하늘 이치[天理]의 구현이며, 그에 반해 인간의 자연스러운 욕구는 개인의 욕망에 지나지 않는다고 주장한다. 남편을 잃은 여자가 있다고 하자. 가난해서 어린 자식들을 데리고 혼자 살아가는 것이 도저히 불가능하다. 그러면 이 여자는 재혼해도 괜찮은가? 이에 대해 "굶어 죽는 것은 극히 작은 일이지만, 정절(貞節)을 잃는 것은 매우 큰 일"이라고 말하는 사람이 나오는 지경에까지 이르렀다. 노자는 도(道)에서 떠나면 이런 세상이 오리라는 것을 분명히 알고 있었다. 그래서 인위적인 덕목을 경계했다. 노자는 인간다움을 반대한 것이 아니다. 그는 인간다움을 지킨다는 명목으로 내세우는 인의예지신 같은 상대적인 규범들이 근원인 도(道)를 무시하고 절대 규범으로 자리잡는 것, 그리고 그러한 규범이 인간의 자연스러운 본성까지 억압하는 상황을 경계했다고 본다. 사실 인간다운 삶을 위한 지침 중에서 노자가 제시한 무위자연(無爲自然)보다 더 적절한 지침이 어디 있겠는가? 도(道)에서 나왔으니 도(道)의 흐름에 순응하고, 자연(自然)의 일부이니 자연의 질서를 따르는 것보다 더 인간다운 삶이 어디 있겠는가?

넷째 가름 : 큰 나라를 다스릴 때는
작은 생선 삶는 것같이 하라

'큰 나라'와 '작은 생선'. 얼핏 보기에 아무 관계가 없는 이 두 단어를 가지고 노자는 사회를 다스리는 진리를 제시한다. 천하 만물은 자연스럽게 서로 관계를 맺고, 주고받으며, 보충하고 의존하며 어우러져 나간다. 그러므로 억지로 맺거나 풀고, 주거나 받을 필요가 없다. 큰 나라는 큰 나라가 될 조건이 갖추어져 큰 나라가 된 것이니, 억지로 다스리려고 하지 않아도 자연스럽게 조절될 것이다. 작은 생선을 조릴 때 이리저리 휘저으면 다 부서지고 만다. 마찬가지로 나라를 다스린답시고 억지로 이것저것 하려고 하면 나라가 망가진다는 것이 노자의 가르침이다.

노자의 사상을 이어받은 『장자(莊子)』에 이런 말이 있다. "귀는 들을 수 있지만 보지 못하고, 눈은 보지만 냄새를 맡지 못하며, 코는 냄새는 맡지만 맛을 보지 못하며, 혀는 맛을 알지만 듣지 못한다." 그런데 사람의 의견이나 정책이라는 것이 귀, 눈, 코, 혀와 같다. 저마다 일리 있는 견해이지만 전체를 아우르지는 못한다는 것이다. 큰 나라의 속사정은 나라가 큰 만큼 복잡하기 마련이다. 어떤 문제를 바로잡으려고 특별한 정책을 내놓으면 그로 인해 저것이 엉키고, 이것을 살리려면 저것이 죽고 저것을 살리려면 이것이 엉망진창이 된다. 좌충우돌해보지만 그럴수록 나라는 더 혼란스러워진다. 그래서 노자는 될 수 있으면 간섭하지 말고 내버려두라고 말하는 것이다.

사람들은 정부가 간섭하지 않고 내버려두면 나라가 금방이라도 쓰러질 것처럼 염려한다. 그래서 이러저런 대책을 내놓는다. 하지만 그런 인위적인 노력은 출렁거리는 물결을 가라앉히려고 물결을 두드리는 꼴이다. 내버려두면 물결은 저절로 가라앉는다. 이것이 노자의 가르침이며, 이것이 옳다는 것은 역사가 증명한다.

진시황은 천하를 통일한 기력 왕성한 영웅이었다. 그러나 그는 나라를 안정시키지 못했다. 가장 큰 원인은 너무 많은 일을 벌이고, 너무 많은 정책을 내놓았기 때문이다. 그는 국경을 지키거나 전쟁을 하는 데 수없이 많은 농민을 동원했다. 능묘(陵墓)나 궁궐을 짓는 데도 농민을 동원했다. 백성들이 들고일어날까 싶어서 천하의 무기를 모아들이기도 했다. 이런저런 세금으로 백성들의 피와 눈물을 짰다. 백성들은 생계를 이을 길이 막막해졌다. 결국 여기저기서 들고일어났다. 그리하여 한 시대의 영웅이 세운 철의 왕국은 몇 해 되지 않아 역사의 피안으로 사라져 버리고 말았다.

반대로 진(秦)을 대신하여 일어선 한(漢)나라 고조(高祖) 유방(劉邦)은 황무지를 개간한 사람에게는 세금을 거두지 않고, 군대를 해산하여 생업으로 돌아가게 했으며, 악덕 상인을 단속하여 백성들이 안심하고 살 수 있도록 했다. 그 결과 국력이 증대되어 나라의 기초가 튼튼해졌다.

또 당(唐)나라 고조(高祖) 이연(李淵)과 태종(太宗) 이세민(李世民)은 그때까지의 엄한 법령들을 해제하고, 조세와 부역을 완화시켰으며, 가족의 숫자에 따라 공평하게 경작지를 나누어 주고, 지방에서 올라오는 공물을 폐지했다. 그 결과 백성들의 삶이 풍요로워져서 길에 떨어져 있는 것을 줍지 않았고, 도둑이 들 위험이 없기 때문에 밤에도 문을 잠그지 않았으며, 소와 말을 들판에 내놓고 길렀으며, 인심이 후해져서 음식을 장만하지 않고도 먼 여행을 할 수 있었다고 한다.

이런 예는 중국 역사에만 있는 것이 아니다. 하지만 무작정 내버려둘 수만도 없는 일. 오케스트라의 지휘자처럼 나라 전체의 흐름을 이끌어 가는 다스림은 있어야 하는데, 노자는 그 방법을 몇 가지 제시한다.

첫째, 학벌과 재능 있는 사람을 높이지 마라[不尙賢].

"학벌과 재능 있는 사람을 높이면, 질투심과 경쟁심이 일어나 사람들 사이에서 다툼이 사라지지 않는다."(제3장) '현(賢)'이란 재주와 덕을 고루 갖춘, 능력도 있고 인품도 훌륭한 사람을 가리킨다. 이런 사람이 존경받는 것은 마땅하지만, 높이 치켜세우면 안 된다[不尙]. 재주와 덕은 무리하게 얻으려고 해서 얻을 수 있는 것이 아니다. 그런데도 재주와 덕이 있는 사람을 높이면 백성들이 서로 그처럼 되려고 싸움을 일삼는다. 실제로는 그처럼 되지 못할지라도 껍데기만이라도 그처럼 되어보려고 발버둥을 친다. 학벌을 중시하는 우리 사회에서 입시망국론이 나올 정도로 치열한 입시경쟁이 벌어지는 것을 보면, 또 남의 연구결과를 훔쳐서라도 박사학위를 받으려는 세태를 보면 이 말이 틀리지 않음을 알 수 있을 것이다.

둘째, 얻기 어려운 재물을 너무 귀히 여기지 마라[不貴難得之貨].

"재물을 너무 귀하게 여기면, 소유에 대한 욕망이 생겨, 남의 것을 훔치려고 할 것이다."(제3장) 세상에서 가장 아름다운 것은 자연이다. 값비싼 보석으로 억지로 꾸민 것보다 있는 그대로의 수수함이 훨씬 더 아름답다. 그런데도 화려한 것이 아름다운 것이라고 계속 선전을 해대면, 사람들이 거기에 세뇌되어 화려하게 꾸미려고 애쓴다. 화려하게 꾸미려면 돈이 필요하다. 그래서 필요 이상의 돈을 벌어야 하고, 그런 돈을 벌 수 없으면 도둑질을 하거나 부정한 일을 저지른다. 그러면 사회 전체가 부정부패의 아수라장으로 변한다. 사회가 이렇게 되는 원인은 얻기 어려운 재물을 귀히 여기기 때문이다.

셋째, 욕심을 일으킬 만한 것을 과시하지 마라[不見可欲].

"욕심을 일으킬 만한 것을 과시하지 않으면, 사람들의 마음은 흔들리지 않을 것이다."(제3장) 텔레비전이나 각종 인터넷 매체들의 광고만 없어도 사람들의 마음이 한결 편해질 것이라는 말이다. 견물생심(見物生心)이라는 말이 있다. 눈으로 보면 갖고 싶은 마음이 생긴다는 뜻이다. 반대로 아무리 갖고 싶어도 눈에 보이지 않으면, 갖고 싶어서 안달하던 마음이 점차 누그러들어 평온해질 것이다. 이것저것 내보여서 욕망을 충동질하면, 지금 편안하게 살 수 있는 조건이 다 갖추어져 있어도 현재 상태에 만족하지 못한다. 그래서 계속 욕망을 좇으며 어지러운 삶을 살게 될 것이다. 그래서 노자는 욕심낼 만한 것을 과시하지 말라고 말하는 것이다.

넷째, 백성들을 바보로 만들어라[非以明民].

"예부터 도(道)에 따라 나라를 다스리던 사람들은 백성들로 하여금 지적인 분별력으로 이것저것 따지도록 만들지 않고 자연스러운 상태인 소박함에 거하도록 했다. 이해타산이 밝고 약삭빠르면 백성들도 그리되기 때문에 다스리기가 어렵다. 권모술수로 나라를 다스리면 백성들도 그에 대응하는 행동을 하기 때문에 나라가 혼란해지며, 단순 소박함으로 나라를 다스리면 백성들도 단순 소박해져서 나라가 안정되고 풍요로워진다."(제65장) 무슨 설명이 더 필요하랴. 통치자가 자기 맘대로 해도 아무 문제가 없도록, 백성들을 어리석게 만드는 이른바 우민정치(愚民政治)라는 말이 바로 노자의 이 말에서 비롯되었다. 하지만 노자의 말은 통치자가 맘대로 하기 위해서 백성들을 어리석게 만들라는 뜻이 아니다. 다스리는 사람이 권모술수를 쓰지 않으면 백성들도 그에 따라 단순하고 소박해질 것이며, 그러면 나라가 안정되고 풍요로워진다는 것이다. 그러므로 백성들을 바보로 만들라는 말은 다스리는 사람이 먼저 바보가 되라는 가르침인 셈이다.

다섯째, 이것저것 간섭하지 마라[無事取天下].

"나라는 도(道)에 따라 다스리고, 전쟁을 하더라도 생명을 귀히 여겨야 한다. 세상을 올바로 이끌기 위해서는 인위적인 간섭을 하지 말아야 한다. 왜 그런가? 간섭하며 금지하는 것이 많으면 많을수록 살기가 어려워지기 때문이다. 편리하게 한답시고 이것저것 만들어 내면 그럴수록 세상은 더욱 혼란스러워진다. 교묘한 지혜를 짜내면 짜낼수록 별별 해괴한 일이 다 벌어진다. 법령이 많으면 많을수록 도적과 범죄는 더 늘어난다. 그래서 도(道)를 깨우친 옛 임금은 이렇게 말했다. 내가 끼어들지 않으면 백성들의 싸움이 저절로 그친다. 내가 맑고 고요히 살면 백성들은 스스로 나쁜 습관을 고친다. 내가 억지로 무슨 일을 벌이지 않으면 백성들의 삶은 저절로 풍요로워진다. 내가 욕심이나 야망을 품지 않으면 백성들은 저절로 통나무같이 순박해진다.″(제57장)

여섯째, 권위를 내세워 백성들이 무서워 떨게 하지 마라[處上民不重].

″강과 바다가 모든 시내의 왕이 될 수 있는 것은 낮은 데 위치하여 온갖 흐름을 다 받아들이기 때문이다. 이와 마찬가지로 지도자가 되려는 사람은 반드시 자기를 낮추는 법을 배워야만 한다. 앞에서 다른 사람을 이끌려는 사람은 반드시 자기를 뒤에 두는 법을 배워야만 한다. 이런 사람은 높은 자리에 올라도 아랫사람들이 부담스러워하지 않으며, 뭇사람의 머리가 되어도 뒤에 있는 사람들이 장애물로 여기지 않는다. 이런 사람의 말은 누구나 기쁜 마음으로 따르고 결코 싫어하거나 부담스러워하지 않는다. 도(道)를 체득하여 자신을 낮추는 사람은 아무하고도 다투려 하지 않는다. 그러므로 아무도 그에게 시비를 걸지 않는다.″(제66장) 임금이 지나치게 권위적이어서 백성들이 무서워하면, 백성들이 할 말을 못하고, 그러면 임금은 백성들의 속사정을 알 길이 없으며, 백성들의 속사정을 모르면 올바른 정책이 나올 수 없다. 그러므로 임금은 백성들이 무서워하지 않도록 처신해야 한다.

나라와 나라의 관계에서도 마찬가지다. 큰 나라가 작은 나라를 집어

삼키려고 하지 않으면 작은 나라의 신뢰를 받고, 작은 나라가 큰 나라를 존중하는 마음을 가지면 큰 나라의 도움을 받을 것이다. 노자는 말한다. "큰 나라는 자기를 낮춤으로 작은 나라의 신뢰를 받을 수 있고, 작은 나라는 자기를 낮춤으로 큰 나라의 도움을 받을 수 있다. 그러면 큰 나라는 어떻게 해서든지 작은 나라를 도우려 할 것이고, 작은 나라는 무슨 일이 일어나도 큰 나라를 믿고 따를 것이다. 이렇게 하여 양쪽이 모두 바라는 것을 얻을진대, 마땅히 큰 나라가 먼저 자기를 낮추어야 하지 않겠는가."(제61장)

다섯째 가름 : 전쟁 뒤에는 반드시 흉년이 든다

진(秦)나라와 조(趙)나라의 싸움에서 조나라가 패했다. 진나라의 장군 백기(白起)는 항복한 조나라의 병사 사십만 명을 생매장했다. 싸움에 이긴 진나라의 병사도 절반이 죽거나 부상을 당했다. 시체는 들판에 가득차고 백골이 되었다. 부모는 돌아오지 않는 아들을 기다리며 울다가 시력을 잃고 장님이 되었다. 새댁은 아기 하나를 업고 밭에 나가 일하다가 이윽고 허리가 펴지지 않게 되었다. 집은 불타 없어지고, 닭이나 개 울음소리도 들리지 않았으며, 몇십 리를 가도 굴뚝에서 연기가 나는 집이 안 보였다. 이것이 진나라와 조나라가 벌인 장평(長平) 전투의 처절한 종말이다.

　　노자가 살던 춘추시대 끝 무렵에는 여기저기서 크고 작은 전쟁이 그치질 않았다. 망한 나라 백성들의 비참함은 말로 표현하기 어려웠을 것이며, 이긴 나라 국민도 사정이 크게 나을 것은 없었을 것이다. 전쟁의 이런 참상을 몸소 경험한 노자는 군사를 가지고 힘을 자랑하지 말라고 역설한다. 어쩌다 전쟁에 이기더라도 좋을 것이 없다는 것이다. 전쟁이 나면 젊은이가 군대에 끌려가 밭을 갈 사람이 없어지게 된다. 옥토가 가시덤불로 바뀌고 수확할 곡식이 없어지는 것은 당연한 일이다. "군대가 휩쓸고 간 자리는 황폐해진다. 큰 전쟁 뒤에는 언제나 전염병이나 기근이 따른다."(제30장)는 노자의 말은 경험에서 나온 것이다.

노자는 전쟁을 반대하지만 피할 수 없는 전쟁도 있다는 것을 알고 있다. 그래서 피할 수 없는 전쟁에 대비하도록 중요한 전략 전술을 제시한다.

첫째, 될 수 있으면 싸우지 마라.

"무기는 좋은 일에 쓰는 도구가 아니다. 도무지 훌륭한 통치자가 쓸 물건이 아니다. 부득이 사용해야 할 경우에는, 될 수 있는 한 억제하는 마음을 가지고 무력 사용을 남발하는 일을 피해야 한다."(제31장) 무기는 사람을 죽이는 데 쓰는 물건이다. 따라서 무기를 사용하는 것은 자연의 질서에 어긋나는 짓이다. 그러므로 툭하면 총칼을 들이대지 말고, 무력을 사용하지 않고서는 당장 눈앞의 곤경을 벗어날 수 없을 경우에만 싸우라는 말이다.

노자보다 조금 뒤에 나온 손자(孫子)는 날카로운 군사 이론을 정립했다. 그는 가장 좋은 용병책(用兵策)은 적군을 한 사람도 죽이지 않고 항복시키는 일이며, 성을 파괴하여 적을 섬멸하는 것은 가장 모자라는 책략이라고 말한다. 손자는 책략을 써서 싸우지 않고 적이 스스로 무릎을 꿇게 만드는 것이 최상이고, 협상을 통해 이기는 것이 그다음이며, 무기로 이기는 것은 그보다 못하고, 성을 파괴하여 이기는 것은 가장 나쁘다고 보았다. 노자도 "훌륭한 장수는 무력을 쓰지 않는다(善爲士者不武)."고(제68장) 같은 말을 한다.

　둘째, 이겼다고 기뻐하지 마라.
　"전쟁에서 이겼다고 해서 좋아해서는 안 된다. 전쟁에서 이겼다고 기뻐하는 사람은 살인과 파괴를 즐기는 자이다. 살인과 파괴를 즐기는 사람은 그의 성공과 번영이 오래가지 못한다."(제31장) 전쟁이란 피할 수 없는 상황에서 어쩔 수 없이 수동적으로 응하는 행위이므로, 이겼더라도 좋아할 일이 아니라는 것이다. 전쟁은 이겨도 희생과 손실이 따르기 마련이다. 그것을 기뻐한다는 것은 자연의 질서를 거스르는 살인과 파괴를 좋아한다는 말밖에 안 된다.

　셋째, 싸우되 화내지 마라.
　전쟁에는 고려할 사항이 한두 가지가 아니다. 때를 살펴야 하고, 백성들의 마음도 헤아려야 하며, 지형도 연구해야 한다. 아군과 적군의 숫자와 무장 정도도 철저히 파악해야 하고, 적절한 사람을 적절한 자리에 앉히고, 군인들의 사기도 높여야 한다. 그러나 감정에 치우치면 객관적인 정세 판단을 그르쳐 낭패를 볼 수밖에 없다. 그래서 노자는 "잘 싸우는 사람은 감정에 치우쳐 공격하지 않는다(善戰者不怒)."(제68장)고 말하는 것이다.
　『수호지』에 쌍창(双槍) 장동평(將董平)이라는 장수가 나온다. 그는 동평부(東平附) 사령관이었으며, 창 두 개[双槍]를 멋지게 쓰는 용감한 장수였다. 양산박(梁山泊) 수령 송강(宋江)은 동평부를 점령하려고 성 밖에 진을 쳤다. 어느 날 밤 송강이 성에 접근하여 장동평에게 입에 담기 어려운 욕설을 퍼부었다. 장동평은 화가 머리끝까지 치밀어 오른 나머지 성문을 박차고 나가 송강을 추격했다. 송강은 슬슬 달아났다. 이때 장동평은 이미 이성을 잃고 있었다. 그래서 앞뒤 가리지 않고 몇십 리나 송강의 뒤를 쫓았다. 그러다가 마침내 송강이 매복시켜 놓은 군사들에게 잡히는 신세가 되었다. 이것이 바로 적의 장수를 화나게 해서 이성을 잃게 만드는 '격장법(激將法)'이라는 전술이다. 장동평이 잘 싸우는 사람은 감정에 치우쳐 공격하지 않는다는 노자의 가르침을 마음에 새기고 있었다면, 그날 밤 송강에게 잡히는 일은 없었을 것이다.

넷째, 먼저 공격하지 마라.

"이쪽에서 먼저 공세를 취하지 말고, 상대가 먼저 공격하기를 기다려라."(제69장) 이 말은 전쟁을 일으키지 말라는 뜻과 함께 전쟁에 임해서도 피할 수만 있으면 전투를 피하라는 뜻으로 받아들일 수 있다. 그래야 이긴다. 먼저 공격하는 사람, 곧 전쟁을 일으키는 사람은 민심을 잃는다. 군인들 사이에서도 자기 행위의 정당성에 대한 회의가 들 수 있다. 하지만 공격을 당하여 방어하는 쪽은 다르다. 자신들의 행위에 충분한 정당성이 있다. 그러므로 먼저 공격하지 않는 것은 고도의 심리 전술에 속한다. 또 전쟁에 이겨도 민심을 잃는다면 진 것과 다르지 않고, 져서도 민심을 잃지 않는다면 그것이 진정한 승리 아니겠는가?

다섯째, 적을 깔보지 마라.

"전쟁에서 적을 깔보는 것보다 더 큰 잘못은 없다. 적을 깔보면 패할 위험이 있다. 그러므로 서로 싸울 때는 생명을 귀히 여기며, 마지못해 싸운다는 생각으로 뒤로 물러서 주의를 게을리하지 않는 쪽이 이긴다."(제69장)

여섯째 가름 : 돌고 도는 것이 도(道)의 움직임이다

"근본으로 돌아가는 것이 영원한 도(道)의 운동 양식이고, 약하고 부드러운 것이 영원한 도(道)의 생산 양식이다. 세상 만물은 유(有)에서 나오고, 유(有)는 무(無)에서 나온다(反者, 道之動; 弱者, 道之用. 天下萬物生於有, 有生於無)."(제40장)

"하늘의 길은 다투지 않으면서도 세상을 질서 있고 평화롭게 만들며, 누가 요구하지 않아도 온 세상을 조화롭게 이끈다. 하늘의 길은 부르지 않아도 오며, 계획을 세우지 않아도 그 하는 일이 완전하다. 하늘 기운은 크고 넓은 그물처럼 온 우주에 펼쳐져 있다. 엉성한 듯하지만 아무것도 거기서 빠져나가지 못한다.(天之道, 不爭而善勝, 不言而善應, 不召而自來, 繟然而善謀. 天網恢恢, 疏而不失)."(제73장)

이 두 구절 속에는 세상의 변화에 대한 노자의 깨달음이 반영되어 있다. 노자는 성스러움과 지혜를 버리고, 사랑이니 정의니 충이니 효니

하는 것들도 버리고, 본성으로 돌아가 무위(無爲)의 삶을 살라고 주장한다. 그러나 인간의 본성이 과연 선하기만 한 것인가? 세상에는 악한 사람이 너무 많지 않은가? 사랑과 정의가 사라지면 세상에 악이 넘쳐나고, 무위(無爲)로는 악을 제어하지 못하지 않겠는가? 그렇게 되면 착한 사람이 억울한 일을 당하고 나쁜 사람이 영화를 누리며 활개를 치고 다닐 것이 아닌가? 이런 질문에 대해 노자는 대답한다. "근본으로 돌아가는 것이 영원한 도(道)의 운동 양식"이고 "하늘 기운은 크고 넓은 그물처럼 온 우주에 펼쳐져 있다. 엉성한 듯하지만 아무것도 거기서 빠져나가지 못한다."고.

천지만물의 변화는 멈추는 일이 없다. 무에서 유에 이르고 하나에서 열에 이르며, 태어남에서 죽음으로, 죽음에서 태어남으로 끝없이 이어진다. 인간의 지성으로는 그 인과(因果)의 사슬을 헤아릴 수 없으나, 모든 변화를 주도하는 법칙이 있는 것은 분명한 사실이다. 미리 정해진 법칙에 따라 움직이는 것이 아니라는 카오스[混沌] 이론이 있지만, 인간이 예측할 수 없다는 의미에서 카오스이지 실제로 우주 자체의 질서가 없는 것은 아니다. 인간을 포함한 만물은 그 법칙에 따라 나고 자라고 시들고 사라진다. 노자는 이 법칙을 도(道)라고 불렀다. 사람들은 길[道]이라고 하면 앞으로 나가는 것만 생각하지만, 우주 속에 나 있는 큰 길[大道]은 하나로 연결되어 있어서 동으로 계속 가면 서에 이르고 아래고 계속 내려가면 위에 도달하게 된다. 동서가 바뀌고 아래위가 바뀌며 음양이 바뀌는 것이 도(道)의 작용이다.

인간이 인식하는 천상계의 사물은 모두 상대적이다. 하늘이 높은 것은 그 아래 땅이 있기 때문이다. 만약 땅이 없고 하늘만 넓게 퍼져 있다면 높다고 말할 수 없을 것이고 '하늘'이라는 개념도 없을 것이다. 산이 높고 험준하다는 것도 깊고 아늑한 계곡과 평야가 있기 때문이다. 계곡과 평야가 없이 그저 큰 바위만 계속 이어져 있다면 어디를 기준으로 높다고 할 수 있으며, 무엇을 기준으로 험준하다고 할 수 있겠는가.

움직임에 대한 인식도 그것과 상대되는 정지와 고요가 있기 때문에 성립된다. 세상의 모든 것이 강물처럼 하염없이 흘러간다고 말하지만, 모든 것이 강물처럼 흘러가지는 않는다. 강물이 흐르는 것을 알기 위해서는 정지되어 있는 강둑이 있어야만 하기 때문이다. 시간도 흘러간다. 하지만 그것도 기준이 되는 어떤 정지된 시점이 있어야 흐른다 만다 말할 수 있는 것이다. 천지만물은 끊임없이 변하며 움직이고 있다. 그 움직임은 결코 멎는 법이 없다. 그러나 이 움직임이 가능하기 위해서는 상대적인 정지가 있어야 한다. 깨달음의 세계에 들어가 모든 상대적인 분별을 초월하기 전에는 만물은 상대적으로 존재하고 상대적으로 움직인다.

화학적인 분해나 결합을 통해서도 고유한 속성이 변하지 않는 물질의 최소 단위는 원자다. 그러나 원자도 홀로 존재하는 독립적인 물질이 아니라, 자신의 내부에 대립이 존재한다. 원자 안에는 원자핵이 있고 그 둘레에 플러스 전기를 띤 양자와 마이너스 전기를 띤 전자가 대립하며 돌고 있다. 원자핵도 마찬가지다. 원자핵도 고정되어 있는 독립 물질이 아니다. 플러스 기운과 마이너스 기운이 서로 얽혀서 돌아가고 있는 일종의 에너지체(體)이다.

대립은 자연계나 인간 사회나 사람의 생각 속에 필연적으로 존재한다. 대립을 상정하지 않고는 애당초 인식이라는 것이 불가능하다. 노자의 말을 빌리자면 "만물은 음(陰) 기운과 양(陽) 기운을 동시에 간직하고 있으며, 그 두 기운이 조화를 이루는 유기적 통일체로 존재하고 있다."(제42장) 그런데 노자는 이 대립이 고정된 것이 아니고 서로 입장을 바꾸면서 끊임없이 변화해 간다는 것을 깨달았다. 때가 되면 음이 양으로 바뀌고 양이 음이 되며, 높은 것은 낮아지고 낮은 것은 높아진다. 무(無)에서 유(有)가 나오고 유(有)가 무(無)로 돌아가며, 많은 것은 덜어지고 모자란 것은 채워진다. 이것이 노자가 깨달은 자연의 법칙이다.

지구상에서 가장 높은 지역인 히말라야산맥에서 해양 생물의 화석이 많이 발견되었다. 해양 생물의 화석은 히말라야뿐만 아니라 세계 곳곳의 고산 지대에서도 발견되고 있다. 이것은 이 산들이 한때는 바다 밑에 있었다는 증거다. 반대로 옛날에는 육지였던 곳이 지금은 침몰하여 바다 밑으로 가라앉은 경우도 있다. 이런 변화는 지금도 멈추지 않고 일어나고 있다.

해마다 봄이면 겨울에 쌓인 눈이 녹고 여름이면 소나기가 쏟아진다. 그 물이 강을 통해 바다로 흘러든다. 그러나 바다가 넘치는 일은 없다. 자기가 받아들인 물을 계속 하늘로 다시 돌려보내기 때문이다. 풀과 나무는 땅에서 양분을 빨아들여 자신의 생명을 유지한다. 동물들이 그 풀과 나무를 먹고 자신의 생명을 유지하며, 배설물과 자신의 시체를 땅으로 되돌려 다시 풀과 나무가 먹을 음식이 되게 한다. 이런 순환은 끝이 없다. 인류의 역사에서도 강자(强者)가 약자(弱者)를 집어삼키고, 강자는 다시 약자의 먹이가 되어 강자와 약자의 위치가 뒤바뀐 경우를 수없이 볼 수 있다. 이떤 역사가는 인류 역사의 이런 전변(轉變)을 '나눔이 오래되면 반드시 합해지고, 합함이 오래되면 반드시 나누어진다(分久

必合, 合久必分)'고 명료하게 표현했다.

　노자는 자연계와 인류 역사에서 일어나는 이런 보편적인 현상을 "돌아가는 것이 영원한 도(道)의 운동 양식이며(제40장), 멀리 가면 마지막엔 근원으로 되돌아온다.(제25장)"는 말로 표현하고 있다. 그리고 도(道)의 이 영원한 운동 양식에 있어서 불공평함이란 없다. 하늘 기운의 그물이 엉성한 것 같아도 티끌 하나 놓치는 법이 없다. 아무것도 하늘 기운의 그물에서 빠져나갈 수 없다. 쉽게 말해 이 세상에 공짜는 없으며, 이유 없이 당하는 억울함도 없다는 것이다. 그러므로 욕망을 좇아 수단과 방법을 가리지 않고 사는 것이 결코 이익이 되는 삶이 아니며, 손해를 보면서도 담담하게 자연의 순리에 따르는 것이 결코 손해가 되는 삶이 아니다. 상하좌우, 빈부귀천, 생사거래(生死去來)가 끊임없이 바뀌면서 돌고 도는 것이 도(道)의 법칙이기에. 이것이 노자의 깨달음이다.

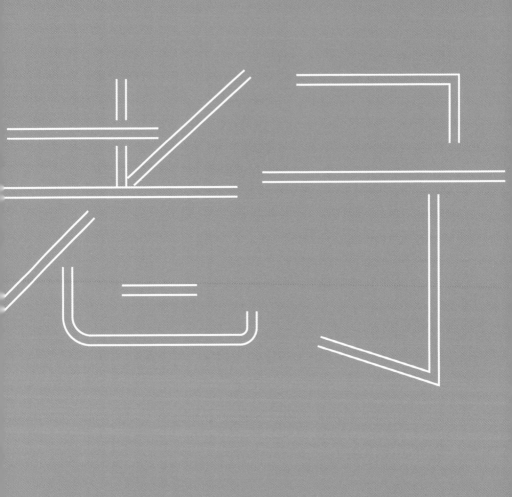

부록

주제별로
읽는
『도덕경』

대부분의 고대경전들은 오랜 구전(口傳)과정을 거쳤기 때문에, 그 형태가 운문인 경우가 많습니다. 『도덕경』도 마찬가지라고 봅니다. 하지만 우리말 운문 형태로 번역하는 것은 거의 불가능합니다. 뜻[의미]을 옮길 수밖에 달리 방도가 없습니다. 더하여, 원래는 본문이 분장(分場[장 구분])되어 있지도 않고 구두점이 찍혀 있지도 않고 띄어쓰기나 행갈이도 되어 있지 않았기 때문에 읽는 사람이 어떻게 읽느냐가 중요한 문제가 되었습니다. 다음은 독서나 명상에 도움이 되길 바라면서 번역자가 『도덕경』의 테마가 될 만한 몇 가지 개념을 선정하여 그와 관련된 본문을 발췌해 놓은 것입니다.

1 　도道의 실체

하늘과 땅이 있기 전에

무언지 알 수 없는 그 무엇이 있었다.

그것은 소리가 없어 들을 수도 없고

모양이 없어 볼 수도 없으나,

다른 것에 의지하지 않고

홀로 우뚝 서서 변하지 않는다.

그것의 영향력은 미치지 않는 데가 없고

움직이지도 멈추지도 않는다.

그러므로 만물의 어미라 할 만하다.

사람의 상대적인 개념으로는

그것에 이름을 붙일 수 없다.

그래서 나는 그저 '도道'라고도 하고,

마지못해 '큰 것'이라고도 한다.

(25장)

온 세상 만물은 하나의 근원에서 나왔고,

이 하나의 근원을 만물의 어머니라고 한다.

만약 어머니를 안다면

그의 자식도 알 수 있으리라.

자식인 세상 만물을 안 다음,

다시 어머니 품으로 돌아가

어머니인 도道를 잘 지키는 사람은

평생 생명력이 고갈되지 않는다.

(52장)

도道 자체는 무한하다.

하늘과 땅과 사람은 모두

도道가 스스로 자신을 나타낸 것이다.

(25장)

어쩔 수 없이 도道라고 해보지만

도道는 '도道'라고 이름을 붙일 수도 없고

'도道는 이런 것이다'라고 설명할 수도 없다.

(1장)

이름을 붙일 수 없는 그것을 '무無'라고 하자.

거기에서 천지가 시작되었고,

그것의 작용으로 나오는

이름을 가진 만물을 '유有'라고 하자.

나는 눈에 보이지 않는 그것[無]의 신묘함을 통찰하고

눈에 보이는 모든 것[有]이 그것의 작용으로 나타났음을 본다.

이름도 없고 형체도 없는 그것[無]과

그것의 작용으로 나타난 현상[有]은 둘이 아니다.

무無와 유有는 동시에 출현한다.

단지 이름만 달리 부를 뿐이다.

(1장)

유有와 무無는 동시에 출현하는

짝으로 된 하나라는 것을 이해하기는 쉽지 않다.

하지만 사실이 그러하니 아득하고 신비롭다.

이 둘이 하나라는 것을 깨달으면

보이는 것과 보이지 않는 것의

모든 신비로움을 이해하는 문이 열린다.

(1장)

크고 온전한 힘은

오직 도道를 따를 때 나온다.

우주의 본질인 도道는

미묘하여 파악하기 어렵다.

미묘하고 신비로운 그 안에

만물의 형태와 모양이 깃들어 있다.

신비하고 미묘한 그 안에

온갖 만물이 깃들어 있다.

그윽하고 어두운 그 안에

생명의 근원인 정기精氣가 있다.

생명의 정기精氣는 가상의 무엇이 아니다.

실제로 존재하는 확실한 실재이다.

도道는 태초부터 지금까지

영원히 변치 않고 존재하면서,

온갖 것을 낳아 기르고 있다.

내 어찌 그 근원을 알겠는가?

다만 그러함을 앎으로써 알 수 있을 뿐.

(21장)

그것은 보려고 해도 보이지 않으므로

모양이 없는 것이라고 한다.

그것은 들으려고 해도 들리지 않으므로

소리가 없는 것이라고 한다.

그것은 잡으려고 해도 잡을 수 없으므로

실체가 없는 것이라고 한다.

그것은 이렇게 알 수도 없고 설명할 수도 없으나,

혼연일체가 된 하나로 경험할 수 있다.

(14장)

그 꼭대기라고 해서 밝지 않으며,

바닥이라고 해서 어둡지도 않다.

이 신비로운 하나의 끊이지 않는 작용은

말로는 설명할 수 없다.

설명을 하려고 하면 설명할 무엇이 없을 것이다.

그래서 이것을 형상 없는 형상,

모양 없는 모양이라고 한다.

그저 신비하고 신비할 따름이다.

그대가 이 신비로운 하나를 직접 보고자 해도

어디 얼굴이라고 할 수 있는 부분이 없다.

그대가 이 신비로운 하나의 뒤를 따르려 해도

어디 뒤라고 부를 부분이 없다.

이 신비한 도道가 태곳적부터 지금까지

온 우주를 주관하고 있다.

세상에서 벌어지는 모든 일[有]이 도道의 작용이다.

이것을 이해하면

모든 것의 본원과 영원성을 알게 된다.

(14장)

우주의 근원인 도道는

만물 속에 두루 깃들어 있다.

온 세상에 도道가 가득 차 있다.

도道는, 만물에게 생명을 불어넣으면서도

이러쿵저러쿵 말이 없다.

만물을 조화롭게 이끌면서도

자기가 했다고 나서지 않는다.

만물을 먹이고 입히면서도

주인 행세를 하지 않는다.

도道는 늘 이렇게 욕심이 없으며,

앞으로 나서지 않는다.

그러므로 잘 드러나지 않는다.

(34장)

거대한 사방에는 구석이 없으며,

큰 그릇은 그 모양을 알 수 없다.

엄청나게 큰 소리는 귀에 들리지 않고,

엄청나게 큰 것은 형상을 알 수 없다.

마찬가지로, 도道는 은밀히 숨어 있어서

무엇인지 알 수 없다.

(41장)

도道는 뭐라고 이름을 붙일 수 없다.

다듬지 않은 통나무 같다.

(32장)

2   도道의 작용

도道는 뭐라고 이름을 붙일 수 없다.

다듬지 않은 통나무 같다.

통나무는 매우 투박하고 보잘것없지만

아무도 통나무 보고 이래라저래라 하지 못한다.

임금이 통나무 같은 자신의 본성을 지킨다면

세상이 조화롭게 흘러갈 것이다.

하늘 기운과 땅 기운이 조화를 이루어

단 이슬을 내리고,

억지로 법도와 규범을 만들지 않아도

세상이 조화롭게 될 것이다.

(32장)

도道가 하나를 낳고,
하나는 둘을 낳으며,
둘은 셋을 낳는다.
그리고 셋에서 만물이 나온다.

(42장)

근본으로 돌아가는 것이
영원한 도道의 운동 양식이고,
약하고 부드러운 것이
영원한 도道의 생산 양식이다.
세상 만물은 유有에서 나오고,
유有는 무無에서 나온다.

(40장)

도道는 우물과 같다.
아무리 써도 마르지 않는다.
깊고 그윽하며
거기서 만물이 나온다.

도道는 날카로움을 무디게 하고,
엉킨 것을 풀어 주며,
자신을 드러내지 않으면서도
모든 것을 조화롭게 어울리게 한다.

(4장)

우주의 근원인 도道는

만물 속에 두루 깃들어 있다.

온 세상에 도道가 가득 차 있다.

도道는, 만물에게 생명을 불어넣으면서도

이러쿵저러쿵 말이 없다.

만물을 조화롭게 이끌면서도

자기가 했다고 나서지 않는다.

만물을 먹이고 입히면서도

주인 행세를 하지 않는다.

도道는 늘 이렇게 욕심이 없으며,

앞으로 나서지 않는다.

그러므로 잘 드러나지 않는다.

그러나 만물이

근원인 도道로 말미암아 존재함에도 불구하고

주인 행세를 하지 않으므로

'위대한 것'이라고 할 수 있다.

도道가 자기를 내세우지 않으면서도

천지만물을 주관하는 것은

크면서도 스스로 크다고 뽐내지 않기 때문이다.

(34장)

만물의 가장 깊고 그윽한 곳에 도道가 있다.

도道는 따르는 사람에게는 보물과 같고,

따르지 않는 사람일지라도 지니고 있다.

도道를 따르는 사람의 말은 귀히 여김을 받고,

행동은 다른 이의 모범이 될 것이다.

하지만 그렇지 못한 사람 역시

도道에서 나왔은즉,

어찌 내칠 수 있겠는가?

(62장)

옛사람들이 도道를 왜 귀히 여겼겠는가?

도道를 구하면 얻게 되고

그러면 모든 얽매임에서 풀려나기 때문이지 않은가?

그러니 도道야말로 세상에서 가장 귀한 보물인 것이다.

(62장)

도道를 체득한 옛사람을 보면

얼마나 깊은지 어떤 사람인지 헤아릴 길이 없다.

그의 깊이는 도무지 알 길이 없다.

그의 모습을 억지로 묘사해 보자면 이렇다.

그의 머뭇거리는 모습은 마치

겨울에 살얼음판 시냇물을 건너는 듯하고,

자기주장을 내세우지 않고 우물쭈물하는 모습은 마치

사방 이웃을 두려워하는 듯하다.

엄숙한 모습은 마치

어려운 자리에 초대받은 손님인 듯하고,

어떤 상황에나 잘 적응하는 모습은 마치

봄바람에 얼음이 녹는 것 같다.

단순하고 소박하기는 마치 다듬지 않은 통나무 같고,

무엇이든 이해하고 받아들이는 모습은 마치

텅 비어 있는 널찍한 골짜기 같으며,

이것저것 구별하지 않는 모습은 마치

흐린 흙탕물 같다.

그는 흐린 듯하다가도

어느 틈엔가 고요함을 되찾아

서서히 맑아진다.

그는 고요히 있다가도

어느 틈엔가 서서히 움직여

생기를 되살린다.

이 길에 서서 흔들리지 않는 사람은

욕심을 채우려고 하지 않으며

무슨 일이나 완전하기를 바라지 않는다.

완전하기를 바라지 않기 때문에

무엇이 낡아도 새것으로 바꾸려 하지 않는다.

(15장)

도道를 체득해 환해진 사람은

오히려 우매한 듯이 보인다.

도道에 가까이 간 사람은

오히려 도道와는 상관없이 사는 것처럼 보인다.

도道에 따라 자연스럽게 사는 사람은

오히려 힘든 방식으로 사는 것처럼 보인다.

온전한 덕德을 지닌 사람은

오히려 아무 생각이 없는 사람처럼 보인다.

티 없이 맑은 사람은,

오히려 바보처럼 보인다.

두루 덕스러운 사람은

오히려 뭔가 모자라는 사람처럼 보인다.

강한 덕德을 지닌 사람은

오히려 약한 사람처럼 보인다.

정직한 사람은,

오히려 어리석은 사람처럼 보인다.

(41장)

거대한 사방에는 구석이 없으며,

큰 그릇은 그 모양을 알 수 없다.

엄청나게 큰 소리는 귀에 들리지 않고,

엄청나게 큰 것은 형상을 알 수 없다.

마찬가지로, 도道는 은밀히 숨어 있어서

무엇인지 알 수 없다.

그럼에도 불구하고

늘 만물을 낳고 먹이고 입힌다.

(41장)

영화를 누릴 수 있음에도 불구하고

꾸밈없는 소박함을 지키는 사람은

너른 골짜기가 된다.

이것저것 받아들이는 골짜기는

넉넉하여 부족함을 모른다.

그리하여 골짜기처럼 된 사람은

다듬지 않은 통나무처럼 투박하지만

부족함을 모르는 넉넉한 상태에 머문다.

(28장)

3   도道 / 스스로 그러함 : 自然

도道는 만물을 낳고,

도道의 힘인 덕德은 만물을 기른다.

도道가 만물에게 형상을 주며,

도道의 힘은 만물을 성장시킨다.

(51장)

만물이 나고 자라는 것을 간섭하지 않으면,

그들이 어디서 나와서 어떻게 자라며

어떻게 새롭게 되는지를 알 수 있으리라.

온갖 것이 풀처럼 쑥쑥 자라지만,

그들은 결국 근원인 뿌리로 돌아간다.

뿌리로 돌아가는 것을 고요함이라 하는데,

고요함이 곧 만물의 본성이다.

만물은 늘 이렇게 본성으로 돌아간다.

만물이 늘 본성으로 돌아가는 것을 아는 것을

환한 정신[明]이라 한다.

만물이 늘 본성으로 돌아간다는 것을 모르면

분별심에 따라 행동하여 삶이 뒤죽박죽 혼란해지리라.

그러나 만물이 늘 본성으로 돌아간다는 것을 알면

모든 것을 받아들일 수 있는 포용력이 생기고,

포용력이 있으면 모든 것을 담담하게 대한다.

모든 것을 담담하게 대하는 사람은

상황의 지배를 받지 않고,

자연의 흐름과 더불어 흘러가는 자유인이 된다.

자연의 흐름을 따르는 것이

곧 도道를 따르는 것이다.

(16장)

신뢰심은 말에서 생기는 것이 아니다.

도道에 따라 조심스럽게 행해야 신뢰를 받는다.

지도자가 무슨 일을 이루었을 때,

사람들이 '우리가 저절로 이렇게 되었구나'라고 말한다면

그는 진정으로 훌륭한 지도자이다.

(17장)

인간이 자연스러운 도道에서 떠나면

사랑이니 정의니 하는

인간관계에 대한 상대적인 규범이 생기기 시작한다.

인간이 지혜를 짜내기 시작하면

위선과 가식이 생겨난다.

(18장)

어짊과 바름을 추구하지 마라.

그러면 사람들이 자연히

효성스러움과 자애로움으로 돌아올 것이다.

(19장)

도道는 이러쿵저러쿵 말이 없다.

그럼에도 불구하고 모든 것을 스스로 이룬다.

생각해 보라.

거센 바람은 한나절도 줄곧 불지 못하고,

소나기도 하루 종일 내리지 못한다.

무엇이 그렇게 만드는가?

자연이 그렇게 만드는 것 아니더냐!

자연의 힘도 이렇게 오래가지 못하는데,

사람의 힘이야 말해서 무엇 하겠는가!

(23장)

천하 만물은

앞으로 나가는 것이 있는가 하면

그 뒤를 따르는 것도 있다.

따뜻한 것이 있는가 하면

찬 것도 있다.

강한 것이 있는가 하면

약한 것도 있다.

솟아오르는 것이 있는가 하면

가라앉는 것도 있다.

그러므로 도道를 체득한 사람은

극단과 방종과 지나친 것을 피한다.

(29장)

지나치게 빨리 성장하면

빨리 쇠퇴한다.

지나친 것은 자연의 섭리를 거스른다.

자연의 섭리를 거스르는 것은

결코 오래가지 못한다.

(30장)

도道가 만물을 낳고,

도道의 힘인 덕德이 만물을 기른다.

돌보아 자라게 하고,

보호하고 감싸 주며,

따뜻하게 품고 양육한다.

(51장)

도道를 닦아 몸에 익히면

참된 덕德이 있는 사람이 될 것이다.

한 가정이 도道를 따르면

화목한 향기가 밖으로 퍼져나갈 것이다.

한 동네가 도道를 따르면

후한 인심이 흘러넘치게 될 것이다.

한 나라가 도道를 따르면

백성들이 평화와 풍요를 누릴 것이다.

세상이 도道를 따르면

그 은택이 만방에 두루 퍼질 것이다.

(54장)

억지로 무엇을 보태거나 더하는 것은

자연의 섭리에 어긋나는 짓이다.

자연의 섭리를 거스르는 것은

오래가지 못한다.

(55장)

자연의 미묘한 섭리는

무엇이든 못할 게 없다면서

아무것에나 달려드는 사람을 싫어한다.

(도道를 체득하여,

자연의 섭리에 순응하는 사람이

매사를 어렵게 여긴다)

(73장)

강하고 큰 것은 아래로 내려가고,

부드럽고 약한 것은 위로 올라간다.

(76장)

만물을 생성해 내는 골짜기 신은 죽지 않는다.

이 신을 신비한 여인이라고 부른다.

신비한 여인의 비어 있는 문에서

세상 만물이 나온다.

이 문에서 끊이지 않고 만물이 나온다.

(6장)

도道의 힘인 덕德이 두터운 사람은

갓난아이와 같다.

갓난아이는 벌이나 독사도 쏘지 않고,

맹수도 덤비지 않으며,

매나 독수리도 덮치지 않는다.

뼈가 연하고 근육은 부드럽지만

움켜쥐는 힘은 강하다.

남녀의 교합은 모르지만

고추는 빳빳하게 선다.

정기가 넘쳐흐르기 때문이다.

하루 종일 울어도 목이 쉬지 않는다.

육체의 모든 기관들이

완벽한 조화를 이루고 있기 때문이다.

(55장)

조화로운 것을 온전하다고 하고,
온전함을 이룬 것을 환함이라고 한다.
정력을 키운답시고
인위적으로 무엇을 더 보태려는 노력은
위험만 불러온다.
마음의 욕망에 따라 기운을 쓰면
생명력이 고갈된다.
억지로 빨리 키운 것은
빨리 시든다.
억지로 무엇을 보태거나 더하는 것은
자연의 섭리에 어긋나는 짓이다.
자연의 섭리를 거스르는 것은
오래가지 못한다.

(55장)

뱃심 좋게 아무것에나 달려드는 사람은
죽임을 당한다.
할 수 있어도 하지 않는 용기가 있는 사람은
해를 당하지 않는다.
둘 다 용기는 용기지만
하나는 이롭고
하나는 해롭다.
자연의 미묘한 섭리는
무엇이든 못할 게 없다면서
아무것에나 달려드는 사람을 싫어한다.

하지만 아직도 많은 사람이

이 명백한 진리를 깨닫지 못하고 있다.

(도道를 체득하여,

자연의 섭리에 순응하는 사람이

매사를 어렵게 여긴다.

자연의 섭리는 무모하게 달려드는 것을

싫어한다는 것을 알기 때문이다)

(73장)

4   하늘의 길

하늘과 땅은 어질지 않다.

어떤 것도 특별하게 대우하지 않는다.

도道를 체득한 사람도 그렇다.

모든 사람을 담담하게 대한다.

하늘과 땅 사이는 풀무 같다.

속이 비었으면서도 생성이 멈추지 않고,

움직이면 움직일수록 더 많이 나온다.

(5장)

하늘이 하는 일은

마치 활을 매는 것과 같다.

활을 맬 때,

위는 아래로 끌어당기고
아래는 위로 끌어올린다.
많이 당겨졌으면 풀어 주고
덜 당겨졌으면 더 당긴다.

하늘은 이와 같이
남는 것은 덜어내고
모자라는 것은 채워 준다.

(77장)

하늘의 길은
다투지 않으면서도
세상을 질서 있고 평화롭게 만들며,
누가 요구하지 않아도
온 세상을 조화롭게 이끈다.
하늘의 길은
부르지 않아도 오며,
계획을 세우지 않아도
그 하는 일이 완전하다.
하늘 기운은 크고 넓은 그물처럼
온 우주에 펼쳐져 있다.
엉성한 듯하지만
아무것도 거기서 빠져나가지 못한다.

(73장)

하늘과 땅은 영원하다.

하늘과 땅이 영원할 수 있음은,

산다는 생각도 없이 무심하기 때문이다.

그래서 영원할 수 있는 것이다.

(7장)

일을 이룬 다음에는 뒤로 물러서라.

그것이 하늘의 길이다.

(9장)

사람이 하늘의 길을 따르고자 하면

하늘은 기꺼이 그와 하나가 된다.

사람이 온전함을 추구하면

온전한 세계가 기꺼이 그를 맞아 준다.

사람이 하늘의 길에서 벗어나면

그 즉시 하늘과 분리된 상태에 떨어진다.

하늘의 길이 자신의 삶을 통해 나타나고 있음을

알지 못하고 믿지 못하는 사람은

온 우주를 주관하고 있는 하늘의 길을

믿고 따르지 못한다.

(23장)

발꿈치를 들고 까치발로 서 있는 사람은

흔들리지 않고 오래 서 있지 못하고,

가랑이를 크게 벌리고 걷는 사람은

오래 걷지 못한다.

똑똑한 척하는 사람은 환함이 없고,

잘난 척하는 사람은 남이 알아주지 않는다.

뽐내는 사람은 칭찬받지 못하며,

교만한 사람은 어른 대접을 받지 못한다.

도道를 지닌 사람은

이런 것을 음식 찌꺼기나

얼굴에 붙은 혹 정도로 여긴다.

사람들은 이런 것을 싫어한다.

그러므로 도道를 따르는 사람은

잘난 척하거나 앞에 나서지 않는다.

(24장)

사람은 땅의 법칙을 본받고,

땅은 하늘의 법칙을 본받으며,

하늘은 도道의 법칙을 본받는다.

그리고 도道는 스스로 그러한

자신의 본성을 따른다.

(25장)

훌륭한 장수는 무력을 쓰지 않고,

잘 싸우는 사람은 감정에 치우쳐 공격하지 않고,

맞붙어 싸우지 않고 적을 이긴다.

훌륭한 지휘관은 자신을 낮출 줄 안다.

이것을 '싸우지 않는 것'의 힘이라 한다.

또는 '훌륭한 통솔력'이라고도 하고,

'하늘의 법을 따르는 것'이라고도 한다.

이것이 도道에 따르는 지극한 행동 원리이다.

(68장)

하늘의 길은

다투지 않으면서도

세상을 질서 있고 평화롭게 만들며,

누가 요구하지 않아도

온 세상을 조화롭게 이끈다.

하늘의 길은

부르지 않아도 오며,

계획을 세우지 않아도

그 하는 일이 완전하다.

하늘 기운은 크고 넓은 그물처럼

온 우주에 펼쳐져 있다.

엉성한 듯하지만

아무것도 거기서 빠져나가지 못한다.

(73장)

죽이는 존재는 따로 있다.

죽어 마땅한 사람이 있다면 하늘이 죽일 것이다.

이것은 변함없는 진리다.

그런데도 사람이 만든 법과 정의를 앞세워

누구를 죽인다면,

그것은 목수를 대신해서 자귀질을 하는 것과 같다.

무릇 목수를 대신해서 자귀질하는 사람치고

손을 다치지 않는 자가 거의 없다.

(74장)

하늘의 길은 공평하다.

하늘은 늘 선을 베푸는 사람을 돕는다.

(79장)

하늘은 만물을 이롭게 한다.

결코 해치지 않는다.

도道를 체득한 사람은

(하늘이 그러하듯이)

아무하고도 경쟁하거나 다투지 않는다.

(81장)

5   무위無爲 / 억지로 하려고 하지 않음

모든 것이 상대적이라는 것을 깨달은 사람은

무슨 일을 하든지 욕심을 부려 억지로 하지 않으며,

누구를 훈계하거나 가르치려 들지도 않는다.

무슨 일을 할 때 자기처럼 하라고 부추기지도 않고

왜 그렇게 하냐고 잔소리를 하지도 않는다.

무엇을 만들어 내도 자기 것으로 여기지 않으며,

일을 하고서도 뽐내지 않으며,

무엇을 완성해 놓고도 거기에 집착하거나

자기가 무엇을 했다는 생각이 없다.

그는 이렇게 어디에도 집착하지 않기에

무엇을 얻었다는 생각도 없고

무엇을 잃었다는 생각도 없이 늘 자유롭다.

(2장)

억지로 하려고 함이 없으면서도 모든 것을 하는

자연의 흐름에 따라 움직이면

모든 것이 조화롭게 흘러갈 것이다.

(3장)

도道는 늘,

하려고 함이 없으면서도

모든 일을 이룬다.

임금이 만약 이러한 도道를 따라

인위적으로 무엇을 하려고 하지 않는다면

세상만사가 순리대로 풀려 갈 것이다.

(37장)

자연스럽게 도道를 따르는 사람[上德]은

아무것도 인위적으로 하려고 하시 않는나.

애를 써서 도道에 따라 살아 보려는 사람[下德]은

인위적으로 무엇인가를 하려고 한다.

(38장)

세상에서 가장 부드러운 것이
가장 단단한 것을 녹이고 부술 수 있다.
형태가 없는 것은
틈이 없는 곳으로 뚫고 들어갈 수 있다.
이로써 나는
억지로 하지 아니하는 것이
얼마나 큰 힘이 있는지를 안다.
말 없는 가르침과 억지로 하지 아니함,
이 둘보다 큰 힘이 세상에는 없으리라.

(43장)

움직이며 뛰면 추위를 이길 수 있다.
하지만 더위를 이길 수는 없다.
움직이지 않고 가만히 있으면 더위를 이길 수 있다.
하지만 추위를 이길 수는 없다.
몸은 움직이면서도 마음이 움직이지 않는 것이
진짜 고요함이다.
자신의 본성에 머무는 사람만이
이런 고요함을 지킬 수 있다.

(45장)

문밖에 나가지 않고도

세상 돌아가는 것을 알고,

이것저것 배우지 않고도

하늘의 이치를 깨달을 수 있다.

이것저것 배우면 배울수록 본성에서 멀어지고

아는 것이 적어진다.

그러므로 도道를 체득해 환해진 사람은

밖으로 나가지 않고도 세상일을 알고,

일일이 비교 연구하지 않고도 그것이 무엇인지를 알며,

억지로 하지 않고도 모든 것을 이루는 것이다.

(47장)

학문적인 지식은 배우면 배울수록

아는 것이 늘어 머리가 복잡해지지만,

우주의 근원인 도道를 따르는 사람은

하루하루 마음을 비워 단순해진다.

비우고 또 비우면,

인위적인 욕망이 없이 행하는 단계에 도달한다.

이 단계에 도달하면,

억지로 애쓰지 않아도

모든 것이 조화롭게 이루어진다.

(48장)

세상을 올바로 이끌기 위해서는

인위적인 간섭을 하지 말아야 한다.

왜 그런가?

간섭하며 금지하는 것이 많으면 많을수록

살기가 어려워지기 때문이다.

편리하게 한답시고 이것저것 만들어 내면

그럴수록 세상은 더욱 혼란스러워진다.

교묘한 지혜를 짜내면 짜낼수록

별별 해괴한 일이 다 벌어진다.

법령이 많으면 많을수록

도적과 범죄는 더 늘어난다.

그래서 도道를 깨우친 옛 임금은 이렇게 말했다.

"내가 끼어들지 않으면

백성들의 싸움이 저절로 그친다.

내가 맑고 고요히 살면

백성들은 스스로 나쁜 습관을 고친다.

내가 억지로 무슨 일을 벌이지 않으면

백성들의 삶은 저절로 풍요로워진다.

내가 욕심이나 야망을 품지 않으면

백성들은 저절로 통나무같이 순박해진다."

(57장)

무슨 일이든 욕심을 부려 억지로 하지 말고,

번잡하게 일을 벌이지 말며,

뭐 화끈한 것이 없을까 찾지 마라.

그저 담담한 것을 사는 맛으로 삼아라.

(63장)

도道를 체득한 사람은

억지로 무엇을 하려고 하지 않기 때문에

어떤 일도 실패하지 않고,

아무것도 잡으려 하지 않기 때문에

아무것도 잃지 않는다.

(64장)

6   부드러움과 약함

도道를 체득한 사람은

물처럼 낮은 곳에 몸을 둔다.

그의 마음은 못과 같이 깊고 고요하다.

그는 베풀기를 좋아한다.

그는 헛말을 하지 않는다.

그는 억지로 바로 잡고자 애쓰지 않는다.

그는 자기의 일을 즐긴다.

그는 늘 '현재-의식' 속에 산다.

도道를 체득한 사람은

물이 그러하듯이

다투거나 경쟁하시 않는나.

그래서 아무도 그를 욕하지 않는다.

(8장)

도道를 간직한 사람은

부족하면 부족한 대로

남으면 남는 대로

모든 것을 있는 그대로 받아들인다.

…

'굽은 것이 자신을 온전히 보존한다'는 옛말이

어찌 헛말이겠는가!

그러므로 도道를 아는 사람은

모든 것을 있는 그대로 받아들이며,

나서거나 자만하지 않음으로써,

근원적인 도道와 하나 되길 힘쓰는 것이다.

(22장)

자신에게 수컷의 강함이 있음을 알면서도

암컷의 부드러움을 지키는 사람은

시냇물이 된다.

시냇물은 거꾸로 흐르는 법이 없다.

늘 낮은 곳으로 흐르며

만물을 이롭게 한다.

마찬가지로 시냇물처럼 된 사람은

언제나 자신의 본성을 따라 살면서

만물을 이롭게 한다.

그렇게 함으로써 갓난아이와 같은

순수함으로 되돌아간다.

(28장)

움츠리려면 반드시 먼저 활짝 펴야 한다.

약하게 하려면 반드시 먼저 강하게 해야 한다.

멸망시키려면 반드시 먼저 흥하게 해야 한다.

빼앗으려면 반드시 먼저 주어야 한다.

이것은 비밀스러운 법칙이다.

부드럽고 약한 것이 딱딱하고 강한 것을 이긴다.

물고기가 잘난 척하며

연못에서 뛰쳐나오면 죽는다.

마찬가지로 힘으로 다스리려는 나라는

오래가지 못한다.

(36장)

근본으로 돌아가는 것이

영원한 도道의 운동 양식이고,

약하고 부드러운 것이

영원한 도道의 생산 양식이다.

세상 만물은 유有에서 나오고,

유有는 무無에서 나온다.

(40장)

세상에서 가장 부드러운 것이

가장 단단한 것을 녹이고 부술 수 있다.

형태가 없는 것은

틈이 없는 곳으로 뚫고 들어갈 수 있다.

(43장)

작고 미묘한 도道를 감지하는 것이 환함이고,

부드러움을 지키는 것이 강함이다.

(52장)

아름드리나무도

털끝같이 작고 부드러운 싹에서 자라난 것이고,

구층 누각도

한 줌의 쌓은 흙에서 올라간 것이며,

천리 길도

발을 딛고 서 있는 자리부터 시작된다.

(64장)

나에게는 늘 간직하고 있는 세 가지 보물이 있다.

첫째는 부드러움,

둘째는 단순하고 소박함,

셋째는 앞에 나서려고 하지 않는 태도이다.

부드럽기 때문에 용감할 수 있고,

단순하고 소박하기 때문에

천하를 품을 만큼 도량이 넓을 수 있으며,

앞에 나서려고 하지 않기 때문에

능히 뭇사람의 지도자가 될 수 있다.

부드러움이 없이

강력하게 돌진만 한다든지,

삶이 단순하고 소박하지 않음에도 불구하고

천하를 손아귀에 넣으려고 한다면,

또는 자기를 뒤에 두는 태도는 없이

무조건 높은 자리에 올라가려고만 한다면,

반드시 파멸에 이르게 될 것이다.

(67장)

사람의 몸은

살아 있을 때는 부드럽고 유연하지만

죽은 다음에는 뻣뻣하게 굳는다.

풀과 나무도

살아 있을 때는 연하고 부드럽지만

죽은 다음에는 딱딱하게 말라비틀어진다.

그래서

"딱딱하고 강한 것은 죽음의 친구이고,

부드럽고 연한 것은 삶의 친구"라는 말이 있는 것이다.

(76장)

강한 군사력에 의지하는 나라는

머지않아 멸망한다.

나무 역시 너무 강하면 꺾여진다.

강하고 큰 것은 아래로 내려가고,

부드럽고 약한 것은 위로 올라간다.

(76장)

세상에서 물보다 부드럽고 연약한 것은 없다.

하지만 굳고 강한 것을 닳아 없어지게 하는 데에는

물을 능가하는 것이 없다.

물을 이길 수 있는 것은

아무것도 없다.

약한 것이 강한 것을 이기고,

부드러운 것이 단단한 것을 이긴다는 것을

모르는 사람은 없다.

하지만 이런 원리에 따라 사는 사람은 드물다.

(78장)

하늘은 만물을 이롭게 한다.

결코 해치지 않는다.

도道를 체득한 사람은

(하늘이 그러하듯이)

아무하고도 경쟁하거나 다투지 않는다.

(81장)

7   무욕無慾 / 이기적인 욕심을 버림

하늘과 땅은 영원하다.

하늘과 땅이 영원할 수 있음은,

산다는 생각도 없이 무심하기 때문이다.

그래서 영원할 수 있는 것이다.

도道를 체득한 사람도 마찬가지이다.

자신을 낮추지만,

그로 인해 도리어 높아진다.

몸에 집착하지 않지만

오히려 건강한 삶을 누린다.

왜 그럴까?

에고의 욕망에 집착하지 않고,

스스로 흐르는 대로 흘러가기 때문이다.

에고의 욕망에 집착하지 않음으로써,

오히려 바람직한 상태를 성취하는 것이다.

(7장)

'나'라는 에고 의식 때문이라는 말은 무슨 뜻인가?

'나'라는 에고 의식 있기 때문에

칭찬이나 비판에 충격을 받는다.

만약 내가 없다면 누가 충격을 받겠는가!

그러므로 '나'라는 에고 의식을

우주적인 대자아大自我 도道와 통합시킨 사람,

또 그렇게 하는 것을 사랑하는 사람이라야

세상을 맡아 옳은 길로 인도할 수 있으리라.

(13장)

진정한 명예는 얻으려고 애써서

얻을 수 있는 것이 아니다.

수단 방법을 가리지 않고 명예를 얻고자 하는 사람은

오히려 치욕을 당한다.

그러니 보석처럼 귀하게 대접받길 바라지 말고,

굴러다니는 돌처럼 여겨지기를 원해라.

(39장)

세상 사람들은

외롭고[孤], 가치 없고[寡], 부족한 것[不穀]을 싫어한다.

하지만 지혜로운 옛날 임금과 제후들은

스스로 자신을 일컬을 때 이런 칭호를 사용했다.

무릇 사물의 이치란

덜면 보태지고

보태면 덜어지는 것이다.

(42장)

강과 바다가 모든 시내의 왕이 될 수 있는 것은

낮은 데 위치하여 온갖 흐름을 다 받아들이기 때문이다.

이와 마찬가지로 지도자가 되려는 사람은

반드시 자기를 낮추는 법을 배워야만 한다.

앞에서 다른 사람을 이끌려는 사람은

반드시 자기를 뒤에 두는 법을 배워야만 한다.

도道를 체득하여 자신을 낮추는 사람은
아무하고도 다투려 하지 않는다.
그러므로 아무도 그에게 시비를 걸지 않는다.

(66장)

그래서 도道를 깨우친 옛사람은 이렇게 말했다.
"백성들의 온갖 어려움을 떠맡는 사람이라야
임금 될 자격이 있고,
백성들의 온갖 불행을 자기 일처럼 여기는 사람이라야
세상을 다스릴 자격이 있다."

(78장)

도道를 체득한 사람은 쌓아 두지 않는다.
아낌없이 나누어 주지만 모자람을 모른다.
주면 줄수록 그의 삶은 더욱 풍요로워진다.

(81장)

학벌과 재능 있는 사람을 높이면,
질투심과 경쟁심이 일어나
사람들 사이에서 다툼이 사라지지 않는다.
재물을 귀하게 여기면,
소유에 대한 욕망이 생겨
남의 것을 훔치려고 할 것이다.

욕심을 일으킬 만한 것을 과시하지 않으면,
사람들의 마음은 흔들리지 않을 것이다.

그럼으로, 도道를 체득한 사람은
겉마음을 비우고
생명에너지를 채워 존재가 든든하도록 하고,
에고의 욕망을 약하게 하여 참 자아를 강하게 하도록 한다.
그는 분별심과 욕망을 버리게 한다.
그러면 뭘 좀 안다고 자부하는 사람들이
이렇게 해야 한다 저렇게 해야 한다 말이 많아도
그들의 가르침은 허공을 치는 주먹질밖에는 되지 않을 것이다.

(3장)

보기 좋은 것을 구하는 사람은 점점 더 화려한 것을 찾게 되고,
아름다운 소리를 즐기려는 사람은 점점 더 듣기 좋은 소리를 찾게 되며,
맛으로 음식을 먹는 사람은 점점 더 맛있는 음식을 찾게 된다.
스포츠와 오락에 빠지면 점점 더 미치게 되고,
재물에 눈이 어두우면 못하는 짓이 없어진다.

그러나 도道를 체득한 사람은
눈에 보이는 것을 탐내지 않으며,
생명력을 보양하는 데에만 힘쓴다.
그는 욕심을 부리지 않고
생기 왕성한 현재 상태에 머문다.

(12장)

이 길에 서서 흔들리지 않는 사람은

욕심을 채우려고 하지 않으며

무슨 일이나 완전하기를 바라지 않는다.

완전하기를 바라지 않기 때문에

무엇이 낡아도 새것으로 바꾸려 하지 않는다.

(15장)

발꿈치를 들고 까치발로 서 있는 사람은

흔들리지 않고 오래 서 있지 못하고,

가랑이를 크게 벌리고 걷는 사람은

오래 걷지 못한다.

(24장)

자연(세상)을 정복하여

욕심대로 이용해 보려는 행위는

결코 성공을 거두지 못한다.

자연(세상)은 신비로운 것이다.

결코 마음대로 주무를 수 있는 게 아니다.

욕망에 따라 자연(세상)을 어떻게 해 보려는

인위적인 시도는

자연(세상)을 망치기만 한다.

자연(세상)을 정복하려는 사람은

자연(세상)을 잃는다.

(29장)

도道는, 만물에게 생명을 불어넣으면서도
이러쿵저러쿵 말이 없다.
만물을 조화롭게 이끌면서도
자기가 했다고 나서지 않는다.
만물을 먹이고 입히면서도
주인 행세를 하지 않는다.
도道는 늘 이렇게 욕심이 없으며,
앞으로 나서지 않는다.

(34장)

무엇을 어떻게 해보려는 욕망이 일어나면,
이름이 생기기 이전의 통나무 같은 본성의 힘으로
욕망을 잠재우도록 하라.
이름이 생기기 이전의 통나무 같은 본성에는
본디 욕망이란 게 없다.
그러므로 욕심을 버리고
통나무 같은 고요한 본성을 지키면
삶의 혼란이 가라앉고,
세상일이 모두 질서 있게 이루어져 나갈 것이다.

(37장)

진정한 명예는 얻으려고 애써서
얻을 수 있는 것이 아니다.

수단 방법을 가리지 않고 명예를 얻고자 하는 사람은

오히려 치욕을 당한다.

그러니 보석처럼 귀하게 대접받길 바라지 말고,

굴러다니는 돌처럼 여겨지기를 원해라.

(39장)

있는 것으로 족한 줄을 모르고

욕심부리는 것보다 더 큰 불행은 없다.

개인이나 나라를 막론하고,

탐욕보다 더 큰 잘못은 없다.

사람은 자신의 본성에 거하면서

만족할 줄 알 때

언제나 넉넉함을 누린다.

(46장)

사람의 육체적인 생명은

태어나면서 시작되고

죽으면서 끝나는 것처럼 보인다.

살다 보면 죽을 위험도 찾아오고,

위험에서 벗어나 살아날 수 있는 기회도 온다.

그러나 살 수 있음에도 불구하고

죽음을 향해 달려가는 경우도 있다.

그렇게 되는 이유는,

살려는 몸부림이 지나쳐

도리어 역효과를 가져오기 때문이다.

(50장)

감각적 쾌락을 멀리하고

외부로 향하는 반응을 자제하면

몸 안에 생명의 기운이 충만하리라.

그러나 감각적 쾌락을 좇아

외적인 자극에 무절제하게 반응하면

생명력이 고갈되어 어떻게 치료할 방도가 없다.

(52장)

감각적 쾌락을 멀리하고

외부로 향하는 반응을 자제하라.

날카로움을 무디게 하고,

엉킨 것을 풀어 주라.

자신의 환한 빛을 부드럽게 하여

모든 것과 어우러져라.

이것이 도道를 체득한 사람의

그윽하고 신비한 삶이다.

(56장)

그래서 도道를 깨우친 옛 임금은 이렇게 말했다.

"내가 끼어들지 않으면

백성들의 싸움이 저절로 그친다.

내가 맑고 고요히 살면

백성들은 스스로 나쁜 습관을 고친다.

내가 억지로 무슨 일을 벌이지 않으면

백성들의 삶은 저절로 풍요로워진다.

내가 욕심이나 야망을 품지 않으면

백성들은 저절로 통나무같이 순박해진다."

(57장)

그러므로 도道를 체득한 사람은

욕심과 야망이 없기만을 바라며,

세상 사람들이 움켜쥐려고 발버둥치는 재물을

거들떠보지 않는다.

그는 분별심이 사라진 상태의 순수함을 배우며,

세상 사람들이 무시하고 지나치는

자신의 본성으로 돌아간다.

그리하여 만물이 스스로의 길을 가도록 돕고,

앞으로 나서서 억지로 무엇을 하려고 하지 않는다.

(64장)

8　무지無知 / 따짐과 분별을 끊음

학벌과 재능 있는 사람을 높이면,

질투심과 경쟁심이 일어나

사람들 사이에서 다툼이 사라지지 않는다.

(3장)

도道를 체득한 사람은

겉마음을 비우고

생명에너지를 채워 존재가 든든하도록 하고,

에고의 욕망을 약하게 하여 참 자아를 강하게 하도록 한다.

그는 분별심과 욕망을 버리게 한다.

그러면 뭘 좀 안다고 자부하는 사람들이

이렇게 해야 한다 저렇게 해야 한다 말이 많아도

그들의 가르침은 허공을 치는 주먹질밖에는 되지 않을 것이다.

(3장)

인간이 자연스러운 도道에서 떠나면

사랑이니 정의니 하는

인간관계에 대한 상대적인 규범이 생기기 시작한다.

인간이 지혜를 짜내기 시작하면

위선과 가식이 생겨난다.

(18장)

정신이 환한 사람은 우둔한 사람의 스승이고,

우둔한 사람은 정신이 환한 사람의 거울이다.

정신이 환한 사람을 존중하지 않는 사람과

우둔한 사람을 멸시하는 사람은

아무리 똑똑한 척할지라도 큰 혼미함에 빠진 것이다.

(27장)

도道를 아는 사람은 말하지 않고,

'도道는 이렇다 저렇다' 말하는 사람은 알지 못하는 것이다.

(56장)

세상에는

이것이 절대로 옳다고 말할 수 있는 게 없다.

상황이 바뀌면

옳았던 것이 틀린 것이 되고,

좋았던 것이 나쁜 것으로 변한다.

사람들은 일이 이렇게 뒤바뀌는 것을 알지 못해,

갈피를 잡지 못하고 오랫동안 혼란을 겪었다.

(58장)

그러므로 도道를 체득한 사람은

욕심과 야망이 없기만을 바라며,

세상 사람들이 움켜쥐려고 발버둥치는 재물을

거들떠보지 않는다.

그는 분별심이 사라진 상태의 순수함을 배우며,

세상 사람들이 무시하고 지나치는

자신의 본성으로 돌아간다.

그리하여 만물이 스스로의 길을 가도록 돕고,

앞으로 나서서 억지로 무엇을 하려고 하지 않는다.

(64장)

예부터 도道에 따라 나라를 다스리던 사람들은

백성들로 하여금 지적인 분별력으로

이것저것 따지도록 만들지 않고

자연스러운 상태인 소박함에 거하도록 했다.

이해타산이 밝고 약삭빠르면

백성들도 그리되기 때문에 다스리기가 어렵다.

권모술수로 나라를 다스리면

백성들도 그에 대응하는 행동을 하기 때문에

나라가 혼란해지며,

단순 소박함으로 나라를 다스리면

백성들도 단순 소박해져서

나라가 안정되고 풍요로워진다.

(65장)

모른다는 것을 아는 것이 최상의 앎이다.

모른다는 것을 아는 것이

최상의 앎이라는 것을 모르는 것은 병이다.

병에 걸려 있다는 것을 알면

그 병에서 벗어날 수 있다.

도道를 체득한 성인聖人이 되면

모른다는 것을 아는 것이

최상의 앎이라는 것을 모르는 병에서 벗어난다.

그것이 병이라는 것을 알기 때문에

그 병에서 자유로운 것이다.

(71장)

도道를 체득한 사람은 따지지 않고,

논리적으로 따지는 사람은

도道를 알지 못하는 사람이다.

핵심을 아는 사람은 잔말이 없고,

복잡하게 이것저것 떠벌이는 사람은

핵심을 모르는 사람이다.

(81장)

9   비폭력非暴力

자연(세상)을 정복하여

욕심대로 이용해 보려는 행위는

결코 성공을 거두지 못한다.

자연(세상)은 신비로운 것이다.

결코 마음대로 주무를 수 있는 게 아니다.

욕망에 따라 자연(세상)을 어떻게 해 보려는

인위적인 시도는

자연(세상)을 망치기만 한다.

자연(세상)을 정복하려는 사람은

자연(세상)을 잃는다.

(29장)

도道를 따라 임금을 보좌하는 사람은

무력으로 세상을 다스리는 것을 막는다

무력의 대가는 반드시 돌아온다는 것을 알기 때문이다.

군대가 휩쓸고 간 자리는 황폐해진다.

큰 전쟁 뒤에는 언제나 전염병이나 기근이 따른다.

훌륭한 통치자는

위난을 극복하기 위해 부득이 군대를 동원할 뿐,

총칼로 세상을 정복하려 하지 않는다.

그런 사람은

위난을 잘 극복한 다음에도

뽐내거나 자만하거나 거드름을 피우지 않는다.

그는 위난을 극복하기 위해 부득불 무력을 사용했을 뿐,

총칼 휘두르는 것을 능사로 삼지 않는다.

(30장)

사람을 해치는 무기는

아무리 보석으로 장식했을지라도

상서로운 물건이 아니다.

세상 사람들은 무기를 무서워한다.

그러므로 도道를 따르는 사람은

무기를 곁에 두지 않는다.

(31장)

무기는 좋은 일에 쓰는 도구가 아니다.

도무지 훌륭한 통치자가 쓸 물건이 아니다.

부득이 사용해야 할 경우에는,

될 수 있는 한 억제하는 마음을 가지고

무력 사용을 남발하는 일을 피해야 한다.

(31장)

세상 사람들이 도道에 따라 살 때는

잘 달리는 말도 밭갈이에 쓰인다.

그러나 사람들이 도道에 따라 살지 않을 때는

새끼 밴 말조차도 전쟁터로 끌려 나간다.

(46장)

뱃심 좋게 아무것에나 달려드는 사람은

죽임을 당한다.

할 수 있어도 하지 않는 용기가 있는 사람은

해를 당하지 않는다.

둘 다 용기는 용기지만

하나는 이롭고

하나는 해롭다.

자연의 미묘한 섭리는

무엇이든 못할 게 없다면서

아무것에나 달려드는 사람을 싫어한다.

(73장)

크게 싸운 다음에는,

원한을 풀고 화해해도 마음속에 앙금이 남는다.

그러니 애당초 싸우지 않는 것이 좋지

싸운 다음 화해하는 것을

어찌 좋다고 말할 수 있겠는가?

(79장)

10 근본으로 돌아감

말이 많으면 생명력이 빨리 소진한다.
그러니, 비어 있는 근원에 머물러
고요히 침묵하도록 하라.

(5장)

마음을 끝까지 비운 다음
지극히 고요한 경지를 유지하라.
만물이 나고 자라는 것을 간섭하지 않으면,
그들이 어디서 나와서 어떻게 자라며
어떻게 새롭게 되는지를 알 수 있으리라.
온갖 것이 풀처럼 쑥쑥 자라지만,
그들은 결국 근원인 뿌리로 돌아간다.

(16장)

뿌리로 돌아가는 것을 고요함이라 하는데,
고요함이 곧 만물의 본성이다.
만물은 늘 이렇게 본성으로 돌아간다.
만물이 늘 본성으로 돌아가는 것을 아는 것을
환한 정신[明]이라 한다.

만물이 늘 본성으로 돌아간다는 것을 모르면

분별심에 따라 행동하여 삶이 뒤죽박죽 혼란해지리라.

그러나 만물이 늘 본성으로 돌아간다는 것을 알면

모든 것을 받아들일 수 있는 포용력이 생기고,

포용력이 있으면 모든 것을 담담하게 대한다.

모든 것을 담담하게 대하는 사람은

상황의 지배를 받지 않고,

자연의 흐름과 더불어 흘러가는 자유인이 된다.

자연의 흐름을 따르는 것이

곧 도道를 따르는 것이다.

도道는 영원하며,

육신이 소멸해도 사라지지 않는다.

(16장)

모름지기 자연스러운 본성으로 돌아가

염색하지 않은 명주실과 다듬지 않은 통나무 같은

소박한 도道를 품으라.

에고의 욕심을 줄여라.

(19장)

도道를 따르는 사람은 도道와 하나 된다.

온전한 덕德을 추구하는 사람은 온전해진다.

도道와 덕德을 잃은 사람은 자연스러움을 잃고

인위적인 가식에 빠진다

사람이 하늘의 길을 따르고자 하면

하늘은 기꺼이 그와 하나가 된다.

사람이 온전함을 추구하면

온전한 세계가 기꺼이 그를 맞아 준다.

사람이 하늘의 길에서 벗어나면

그 즉시 하늘과 분리된 상태에 떨어진다.

하늘의 길이 자신의 삶을 통해 나타나고 있음을

알지 못하고 믿지 못하는 사람은

온 우주를 주관하고 있는 하늘의 길을

믿고 따르지 못한다.

(23장)

마음 중심을 굳게 잡음으로

충동적인 흔들림을 치료할 수 있고,

마음을 고요히 함으로

조급함과 분주함을 다스릴 수 있다.

정신이 환한 사람은

하루 종일 움직여도

중심을 흩트리지 않고

고요한 상태를 유지한다.

(26장)

자신에게 수컷의 강함이 있음을 알면서도

암컷의 부드러움을 지키는 사람은

시냇물이 된다.

시냇물은 거꾸로 흐르는 법이 없다.

늘 낮은 곳으로 흐르며

만물을 이롭게 한다.

마찬가지로 시냇물처럼 된 사람은

언제나 자신의 본성을 따라 살면서

만물을 이롭게 한다.

그렇게 함으로써 갓난아이와 같은

순수함으로 되돌아간다.

(28장)

환하면서도 그 빛을 드러내지 않는 사람은

천하의 모범이 된다.

환하면서도 환함을 드러내지 않음으로써

천하의 모범이 된 사람은

분별이 없는 도道의 자리에 머물면서

그 길에서 한 치도 벗어나지 않는다.

(28장)

영화를 누릴 수 있음에도 불구하고

꾸밈없는 소박함을 지키는 사람은

너른 골짜기가 된다.

이것저것 받아들이는 골짜기는

넉넉하여 부족함을 모른다.

그리하여 골짜기처럼 된 사람은

다듬지 않은 통나무처럼 투박하지만

부족함을 모르는 넉넉한 상태에 머문다.

(28장)

도道를 체득해 환해진 사람은

세상 사람들의 갖가지 생각과 마음을

어떤 것도 물리치지 않고 다 수용한다.

내가 옳다 네가 옳다 따지지 않고

조화를 이루려고 한다.

세상 사람들은 눈을 동그랗게 뜨고

자기에게 무슨 이익이 없을까 귀를 기울이지만,

도道를 체득해 환해진 사람은

그들을 본성으로 되돌려

어린아이처럼 되도록 이끈다.

(49장)

잘 심은 것은 뽑히지 않고

꼭 껴안은 것은 빠져나오지 않는다.

이처럼 영원한 진리인 도道를

내면에 품고 흔들리지 않는 사람은

자손 대대로 존경을 받는다.

(54장)

학벌과 재능 있는 사람을 높이면,

질투심과 경쟁심이 일어나

사람들 사이에서 다툼이 사라지지 않는다.

재물을 귀하게 여기면,

소유에 대한 욕망이 생겨

남의 것을 훔치려고 할 것이다.

욕심을 일으킬 만한 것을 과시하지 않으면,

사람들의 마음은 흔들리지 않을 것이다.

(3장)

그럼으로, 도道를 체득한 사람은

겉마음을 비우고

생명에너지를 채워 존재가 든든하도록 하고,

에고의 욕망을 약하게 하여 참 자아를 강하게 하도록 한다.

그는 분별심과 욕망을 버리게 한다.

그러면 뭘 좀 안다고 자부하는 사람들이

이렇게 해야 한다 저렇게 해야 한다 말이 많아도

그들의 가르침은 허공을 치는 주먹질밖에는 되지 않을 것이다.

(3장)

으뜸가는 훌륭한 지도자는

백성들이 그가 있는지조차도 모른다.

버금가는 좋은 지도자는

백성들이 친근감을 갖고 칭송한다.

힘으로 다스리는 지도자는

백성들이 두려워한다.

그보다 더 못한 형편없는 지도자는

백성들이 질시하고 욕한다.

지도자가 정직하지 못하고 성실하지 않으면

백성들이 믿고 따르지 않을 것이다.

(17장)

신뢰심은 말에서 생기는 것이 아니다.

도道에 따라 조심스럽게 행해야 신뢰를 받는다.

지도자가 무슨 일을 이루었을 때,

사람들이 '우리가 저절로 이렇게 되었구나'라고 말한다면

그는 진정으로 훌륭한 지도자이다.

(17장)

자연(세상)을 정복하여

욕심대로 이용해 보려는 행위는

결코 성공을 거두지 못한다.

자연(세상)은 신비로운 것이다.

결코 마음대로 주무를 수 있는 게 아니다.

욕망에 따라 자연(세상)을 어떻게 해 보려는

인위적인 시도는

자연(세상)을 망치기만 한다.

자연(세상)을 정복하려는 사람은

자연(세상)을 잃는다.

(29장)

부드럽고 약한 것이 딱딱하고 강한 것을 이긴다.

물고기가 잘난 척하며

연못에서 뛰쳐나오면 죽는다.

마찬가지로 힘으로 다스리려는 나라는

오래가지 못한다.

(36장)

세상 사람들은

외롭고[孤], 가치 없고[寡], 부족한 것[不穀]을 싫어한다.

하지만 지혜로운 옛날 임금과 제후들은

스스로 자신을 일컬을 때 이런 칭호를 사용했다.

무릇 사물의 이치란

덜면 보태지고

보태면 덜어지는 것이다.

사람들이 옛날부터 가르친 것을

나 또한 그대들에게 가르치고자 한다.

'힘으로 폭력을 행사하는 사람은 제 명에 못 죽는다'.

나는 이 가르침을 모든 가르침의 기본으로 삼는다.

(42장)

도道를 체득해 환해진 사람은

세상 사람들의 갖가지 생각과 마음을
어떤 것도 물리치지 않고 다 수용한다.
내가 옳다 네가 옳다 따지지 않고
조화를 이루려고 한다.
세상 사람들은 눈을 동그랗게 뜨고
자기에게 무슨 이익이 없을까 귀를 기울이지만,
도道를 체득해 환해진 사람은
그들을 본성으로 되돌려
어린아이처럼 되도록 이끈다.

(49장)

정치가들의 집은 대궐처럼 으리으리한데
백성들의 밭에는 잡초만 무성하고
창고는 텅 비어 있다.
고위 관리들은 화려한 옷을 입고,
권력을 앞세워 거들먹거린다.
기름진 음식도 배가 불러 마다하고,
재산은 진탕만탕 쓰고도 남을 지경이다.
이놈들이 바로 도둑놈들이다.
이놈들이 하는 짓은
결코 도道가 아니다!

(53장)

나라는 도道에 따라 다스리고,
전쟁을 하더라도 생명을 귀히 여겨야 한다.

세상을 올바로 이끌기 위해서는

인위적인 간섭을 하지 말아야 한다.

(57장)

그래서 도道를 깨우친 옛 임금은 이렇게 말했다.

"내가 끼어들지 않으면

백성들의 싸움이 저절로 그친다.

내가 맑고 고요히 살면

백성들은 스스로 나쁜 습관을 고친다.

내가 억지로 무슨 일을 벌이지 않으면

백성들의 삶은 저절로 풍요로워진다.

내가 욕심이나 야망을 품지 않으면

백성들은 저절로 통나무같이 순박해진다."

(57장)

정부가 간섭하지 않으면 않을수록

백성들은 점점 더 순박해진다.

정부가 까다롭게 간섭하면 할수록

백성들의 불만은 늘어나고 점점 더 까다로워진다.

(58장)

부드럽기 때문에 용감할 수 있고,

단순하고 소박하기 때문에

천하를 품을 만큼 도량이 넓을 수 있으며,

앞에 나서려고 하지 않기 때문에

능히 뭇사람의 지도자가 될 수 있다.

부드러움이 없이

강력하게 돌진만 한다든지,

삶이 단순하고 소박하지 않음에도 불구하고

천하를 손아귀에 넣으려고 한다면,

또는 자기를 뒤에 두는 태도는 없이

무조건 높은 자리에 올라가려고만 한다면,

반드시 파멸에 이르게 될 것이다.

(67장)

단순하고 소박한

자연적인 삶에 대한 감각을 잃고,

인위적인 문명만 추구하면

무서운 결과가 온다.

그러므로 소박한 상태에 만족하고

단순한 삶을 즐겁게 받아들이도록 하라.

소박한 상태에 만족하고

단순한 삶을 즐겁게 받아들이는 사람은

삶을 무겁거나 힘들게 느끼지 않을 것이다.

(72장)

죽이는 존재는 따로 있다.

죽어 마땅한 사람이 있다면 하늘이 죽일 것이다.

이것은 변함없는 진리다.

그런데도 사람이 만든 법과 정의를 앞세워

누구를 죽인다면,

그것은 목수를 대신해서 자귀질을 하는 것과 같다.

무릇 목수를 대신해서 자귀질하는 사람치고

손을 다치지 않는 자가 거의 없다.

(74장)

백성들 삶이 고달픈 것은

위에 있는 놈들이

인정사정없이 세금을 긁어가기 때문이다.

백성을 다스리기 어려운 것은

위에 있는 놈들이 요구하는 것이 많기 때문이다.

백성들이 죽음도 두려워하지 않고 항거하는 것은

위에 있는 놈들이 제 주머니만 채우려고 하기 때문이다.

(75장)

나라는 작고 인구는 적은 것이 좋다.

삶을 편리하게 하는 온갖 기물이 있어도

쓰지 않는 것이 좋다.

백성들로 하여금,

자기가 살고 있는 곳을 사랑하게 만들어

다른 데로 이사 가고 싶은 마음이 들지 않게 하라.

배와 수레가 있어도

그것을 탈 일이 없게 하라.

갑옷과 무기가 있어도

그것을 쓸 일이 없게 하라.

백성들로 하여금,

문자 대신 끈을 매듭지어 뜻을 표시하는

단순한 삶으로 돌아가게 하라.

(80장)

백성들로 하여금

담백한 음식을 달게 먹고,

소박한 옷을 즐겨 입으며,

초가삼간 방에서 따뜻하게 지내고,

자연과 더불어 사는 것을 즐겁게 여기게 하라.

닭 울음소리와 개 짖는 소리가 들릴 정도로

가까이 있는 이웃 나라가

아무리 잘사는 나라라고 하더라도,

그곳에 가서 살고 싶어 하는 사람이 없도록 하라.

늙어 죽을 때까지 자기가 사는 곳에서

만족하며 행복하게 살 수 있게 하라.

(80장)

12　도道를 체득한 사람과 세상

이것저것 따지는 세속적인 분별을 포기하면

온갖 근심이 사라진다.

(거대한 우주적인 관점에서 생각해 보라)

그렇다느니 아니라느니 시시콜콜 따지는 것이

무슨 의미가 있겠는가?

그런 것과 아닌 것이 무슨 차이가 있는가?

아름다운 것과 추한 것이

본질적으로 무슨 차이가 있는가?

다른 사람들이 좋다고 하면

나도 좋다고 하고,

다른 사람들이 나쁘다고 하면

나도 나쁘다고 해야만 하는가?

그것은 우스꽝스러운 짓이 아니겠는가!

(20장)

사람들은 잔치를 벌이는 것처럼 기뻐하고,

화창한 봄날 전망 좋은 누각에 올라

아름다운 경치를 즐기는 것처럼 좋아하는데

나 혼자만이 좋다 싫다 감정도 없이,

아무것도 분별 못하는 갓난아이처럼

담담하게 앉아 있구나.

이 세상 근심 걱정 멀리하고,

강물 흐르는 대로 그저 흘러가고 있구나.

세상 사람들은 높은 이상과 야망을 가지고 있는데,

흐리멍덩한 사람은 나뿐인 듯하구나.

세상 사람들은 옳고 그름을 잘도 구별하는데,

나 홀로 멍청한 듯하구나.

세상 사람들은 똑똑하고 영리한데,

나 홀로 어리석어 보이는구나.

그러나 내 마음은,

모든 것을 품고 있는 거대한 바다처럼

고요하고 깨끗하다.

(20장)

내 마음은,

어디서 불어와 어디로 가는지 알 수 없는 바람처럼

부드럽고 자유롭다.

뭇사람이 모두 영리하고 쓸모 있어 보이는데,

나만 홀로 우둔하고 쓸모없어 보인다.

내가 세상 사람들과 다른 점은,

그들과는 달리 나는

만물을 낳고 먹이는 신비로운 엄마를

소중히 여기 있다는 사실이다.

(20장)

나에게 만약 약간이라도 지혜가 있어

세상에 그것을 펴라고 한다면

근원적인 도道에 따라 세상을 이끌 것이다.

나의 유일한 두려움은

행여 도道에서 이탈될까 함이다.

(53장)

세상 사람들은

내가 말하는 도道가 너무 이상적이어서

현실적인 삶에 적용하기에는 어렵다고 말하리라.

그렇다.

도道는 실제로 너무 크고 이상적이어서

세속적인 눈으로 보면 쓸모없는 것으로 보인다.

만약 세속적인 판단으로도

쓸모 있는 것으로 보였다면,

그 도道는 보잘것없는 것이었으리라.

(67장)

나에게는 늘 간직하고 있는 세 가지 보물이 있다.

첫째는 부드러움,

둘째는 단순하고 소박함,

셋째는 앞에 나서려고 하지 않는 태도이다.

부드럽기 때문에 용감할 수 있고,

단순하고 소박하기 때문에

천하를 품을 만큼 도량이 넓을 수 있으며,

앞에 나서려고 하지 않기 때문에

능히 뭇사람의 지도자가 될 수 있다.

부드러움이 없이

강력하게 돌진만 한다든지,

삶이 단순하고 소박하지 않음에도 불구하고

천하를 손아귀에 넣으려고 한다면,

또는 자기를 뒤에 두는 태도는 없이

무조건 높은 자리에 올라가려고만 한다면,

반드시 파멸에 이르게 될 것이다.

(67장)

내 말은 이해하기도 쉽고

그대로 따라 행하기도 쉽다.

그런데도 세상 사람들은 내 말을 이해하지도 못하고

그대로 따라 행하지도 않는다.

내 말은 유일한 근원인 도道에서 나오고

내 행동 또한 스스로 그러한 도道에서 비롯되는데,

사람들은 그런 줄을 몰라

내 말과 행동을 이해하지 못한다.

나를 아는 사람이 거의 없고,

나를 본받는 사람도 거의 없다.

도道를 체득한 현자는

누더기를 걸치고 있을지라도

내면에는 귀중한 보배를 간직하고 있다는 것을

모르기 때문이다.

(70장)